安徽师范大学博士启动基金项目（项目编号：2017XJJ43）
安徽师范大学学术出版基金项目（项目编号：2021xjxm107）

大学生网络行为与教育引导的实证研究

朱　琳◎著

安徽师范大学出版社
ANHUI NORMAL UNIVERSITY PRESS
·芜湖·

图书在版编目(CIP)数据

大学生网络行为与教育引导的实证研究 / 朱琳著. —芜湖:安徽师范大学出版社,2022.1
ISBN 978-7-5676-5129-6

Ⅰ. ①大… Ⅱ. ①朱… Ⅲ. ①大学生 - 互联网络 - 道德规范 - 研究 - 中国 Ⅳ. ①G645.5

中国版本图书馆CIP数据核字(2021)第271858号

大学生网络行为与教育引导的实证研究 朱 琳◎著

DAXUESHENG WANGLUO XINGWEI YU JIAOYU YINDAO DE SHIZHENG YANJIU

责任编辑: 陈贻云　　责任校对: 祝凤霞
装帧设计: 王晴晴　　责任印制: 桑国磊
出版发行: 安徽师范大学出版社
芜湖市北京东路1号安徽师范大学赭山校区
网　　址: http://www.ahnupress.com/
发 行 部: 0553-3883578　5910327　5910310(传真)
印　　刷: 江苏凤凰数码印务有限公司
版　　次: 2022年1月第1版
印　　次: 2022年1月第1次印刷
规　　格: 700 mm × 1000 mm　1/16
印　　张: 13.5
字　　数: 205千字
书　　号: ISBN 978-7-5676-5129-6
定　　价: 56.80元

前　言

随着网络技术的迅猛发展和广泛应用，数字化的社会生存已成为现代人不可逾越的生存状态。大学生在其人生最重要的学习阶段深入接触网络，作为我国网民的重要群体，他们不断创造着属于年轻一代的网络文化。网络时代的优势随着大学生用网的深入和网络地位的稳固而不断凸显，网络以其不断延伸和扩展的活动时空满足着大学生群体不同类型的需求，但这并不意味着大学生可以无限制地使用网络。大学生在网络空间开展的有目的的社会活动，即网络行为，既是一种实践活动，又是一种认识活动。大学生的网络行为在本质上仍是社会行为，与大学生的现实道德之间存在着紧密的关系。笔者在大量调查的基础上，对大学生网络行为的现状、主要特点、基本趋势，大学生网络行为失范的主要表现及其原因，大学生网络行为教育引导等相关问题进行了研究。

当前大学生网络行为的主流是好的，朝着健康、自制、遵循规范的方向发展，同时网络对大学生的思维模式、思想观念、行为方式、价值取向、心理发展等方面产生的深刻影响客观存在。结合问卷调查结果，在对网络沟通交往行为、网络论坛行为、网络游戏行为、网络信息浏览行为、网络购物行为、手机上网行为等典型的大学生网络行为进行现状分析，并以性别、生源地、是否独生子女等为分组变量进行比较研究的基础上，笔者总结归纳出大学生网络行为具有共性与个性并存、理性与任性交织、认知与行为偏离、趋同与差异兼容的主要特点，以及发展方向因时而变、遵规意识不断强化、手机上网日渐盛行、网络沟通日益增多、个性特征愈加凸显、行为失范持续存在的发展趋势。

一些大学生在网络空间行为失范的现象不容忽视。同时，一些大学生对网络行为失范缺乏最基本的理性认知和价值判断，导致他们在网络的“沼泽地”中越陷越深。从现实来看，大学生网络行为失范主要表现为传播非主流意识形态、扩散网络不良资讯、浏览网络黄色信息、沉迷网络游戏、实施网络暴力、滥用网络语言、侵犯网络知识产权、参与网络犯罪等八个方面。导致大学生网络行为失范的主要因素有：对“虚拟网络”的误解、对网络信息技术的过度崇拜、网络价值取向的多元发展、心理压力的主动应对等内在因素，以及网络环境监管不到位和制度建设滞后、不良社会舆论导向的误导、高校网络思想政治教育和管理工作的针对性不强、大学阶段家庭教育的缺位、大学阶段家庭教育的缺位等外在因素。

大学生网络行为失范及其教育引导已引起学校、家庭和社会的重视，但从目前高校开展大学生网络道德教育和行为引导、家庭开展网络道德教育以及社会调控和监督管理等方面的现状来看，此项教育工程在教育载体的创新性、教育实践的互动性、家庭教育的参与度以及社会教育的配合度等方面均有进一步改进和提升的空间。

学校是对大学生集中开展思想政治教育的最主要场所，对大学生网络行为习惯和网络道德素质的养成负有重大责任。因此，大学生思想政治教育工作者必须积极适应网络时代对大学生思想政治教育提出的新要求，主动占领网络思想政治教育新阵地，通过教育引导活动提高大学生的网络文明素养，预防大学生网络行为失范的发生，让他们成为自觉践行社会主义核心价值观的重要网民群体，发挥他们的道德榜样示范作用，引领网络社会的道德风尚。大学生网络行为教育引导是基于网络虚拟空间而存在的一种思想政治教育活动。其教育引导的过程应坚持虚实结合、主体间性、主动传播、榜样激励等基本原则；其教育引导的路径主要有引导大学生遵规意识的自我强化、强化思想政治教育工作队伍的作用、创新思想政治教育的方式方法、改善大学生的网络生存环境以及运用大学生网络行为评价体系等。

目　录

绪　论

一、研究背景与研究意义

（一）研究背景

习近平总书记指出，互联网是人类共同的精神家园，网络空间是人类共同的活动空间。随着信息技术的迅猛发展，被称为“第二类生存空间”和“第五大作战领域”的互联网已逐渐融入人们的学习、工作和生活中，并将成为人们在日常生活中无法避开的新的生活空间。1994年，我国正式接入国际互联网，经过近三十年的发展，最初应用于军事和学术领域的互联网，如今已被超过半数的中国人所拥有和使用。互联网的诞生和发展不仅是一系列技术革新的结果，而且导致人类生产方式、思维方式、信息传播方式、生活方式以及交往方式的改变或重构，甚至给传统的社会观念带来冲击和挑战。网络社会自然而然地伴随着互联网的应用和发展而产生。网络社会是一种由数字化的资源和关系整合而成的、具有人际关系性质的虚拟环境。当“虚拟”也是一种真实时，网络社会就是一种客观的社会现象，一种社会实存，一种人类生存的全新的方式[①]。网络社会中的人被称为“网民”，这一身份在今天被越来越多的人所拥有。2021年2月发布的《第47次中国互联网络发展状况统计报

① 戚攻.网络社会的本质：一种数字化社会关系结构[J].重庆大学学报(社会科学版),2002,9(01):148.

告》显示，截至2020年12月，中国网民规模达9.89亿，较2020年3月增长8540万，互联网普及率达70.4%，学生依然是其中最大的群体，占比21.0%[①]。当前社会正在向“全民触网”的网络时代迈进。

通过互联网，人们可以随时随地给拥有终端设备的个人或地方传递文本、声音、图像和视频等信息，可以浏览世界各地的信息资源，可以查阅各种文献资料。网络能够满足人们各种日常生活需求，通过它甚至可以进行各种人际交往和商务往来。网络游戏、网上冲浪、网上聊天、网页浏览、网络视频会议、电子邮件收发、网络信息发布、网上交易等网络活动，已成为中国普通网民日常生活的基本内容，甚至是一些网民的谋生手段和工作内容。互联网不仅吸取和延续了报纸、广播、电视等传统媒体的优势，它还有全球性、延续性、交互性、开放性等新特点，是一种全新的传播媒体。它不仅给人们带来了全新的社会生活，也给我国社会发展带来了全新的机遇和挑战。互联网技术为我国发挥后发优势，在短时间内缩小与发达国家之间的差距，实现社会、经济、文化的跨越式发展提供了新的途径和可能[②]。

在中国网民中，大学生是一个特殊群体，他们接触新鲜事物多、信息面广、思维活跃，他们是网络“原住民”，在互联网使用上始终走在社会的前列，是互联网网民群体的主力军。同时，随着一些高校网络硬件设备不断完善和成熟，教学楼、图书馆、办公楼、学生宿舍等场所基本实现网络全覆盖，网络已成为大学生生活和学习的必需品，使用网络是他们每天的“必修课”。远程授课、网上选课、无纸化考试、网上课程评价等都离不开网络；足不出户就能购买到世界各地的商品，网上购物已成为高校校园中的新时尚；网上聊天、网上游戏、网上听音乐看视

① 中国互联网络信息中心.第47次中国互联网络发展状况统计报告[R/OL].(2021-02-03)[2021-02-10]. http://cnnic.cn/hlwfzyj/hlwxzbg/hlwtjbg/202102/P020210203334633480104.pdf.

② 黄少华.网络空间的社会行为——青少年网络行为研究[M].北京:人民出版社,2008:5.

频等娱乐活动也吸引着诸多大学生。不论是主动还是被动地使用网络，大学生都已被网络丰富的资源和强大的功能所吸引。网络在提供物质生活便利的同时，还极大地满足了大学生的精神需求，逐渐成为他们传输信息、交流情感、发表意见的重要领地。网络以其独特魅力全面赢得了大学生群体，大学生们也越来越将自己的生活与网络融合到一起。

然而，网络是一把双刃剑，对于大学生来说亦是如此。随着用网的不断深入，网络的负面影响也会在他们身上体现出来。网络文化的多元性给多种意识形态提供了生存的空间，不利于大学生的价值选择；网络空间的开放性给西方敌对势力存在的机会，不利于大学生思想的统一；网络信息的复杂性，不利于大学生的道德建设与健康成长；网络世界的低门槛、少要求和松约束，不利于大学生健康网络行为的养成。概而言之，网络在带来快捷便利的同时，也对大学生的学习行为、交往行为、恋爱行为、消费行为以及娱乐行为等带来不可低估的负面影响，甚至导致某些现实生活中的行为在网络世界中失范。例如，网络游戏成瘾，在网络论坛中胡编乱造、传播虚假信息，网上聊天时说谎话、脏话，利用病毒偷盗他人信息、侵犯他人隐私，通过虚假交易骗取钱财，抄袭作假，恶意诽谤等，这些现象对大学生的思想道德产生了严重冲击。

网络技术的发展和网络在大学生中的普及使高校的育人环境发生了深刻变化。大学生所表现出来的种种网络行为失范和严峻的网络行为现状，引起了高校教育工作者的高度关注，同时给高校教育工作带来巨大的挑战。大学生网络行为的现状究竟如何？有哪些网络失范行为？如何预防网络行为失范？如何通过教育引导大学生养成健康的网络行为习惯？这些都是思想政治教育领域亟待研究和解决的重要课题。

（二）研究意义

本书的研究意义有以下四个方面：

首先，研究大学生网络行为有助于把握整个网络空间中网民社会行为方式的特征。网络不仅是信息传播的工具，更是以互联网为中介的社会交往平台，被一些学者称为“互动式社会”[1]。随着互联网技术的普及，网络正逐渐成为人们日常生活的必需品，诸多的网络使用者以互联网为中介，通过网络活动建立起与现实社会不同的虚拟关系，在网络公共交往平台形成一个庞大的、迅速崛起的网络生活空间。在这个空间中，人们可以轻松获取任何国家和地方网站的新闻信息，可以和来自不同国家的任何肤色的网民进行交流。人们还可以以完全区别于现实的身份或以匿名的方式在网络上从事各种社会活动。开放性是网络生活空间的一个重要特性，它接纳了各种身份和各种目的的网民，可以说网络是一个“鱼龙混杂的社会”。网络空间是一种全新的社会现象和社会存在，网络空间的行为方式也正在成为一种全新的社会行为方式。在网络空间中，大学生以一种区别于传统的方式进行沟通交流、知识学习和生活娱乐，他们以惊人的速度适应着飞速发展的信息技术，并创造出一种全新的网络时代生活模式。因此，在网络空间中，大学生群体极具代表性，他们的网络行为也显现出全新的社会特性，对大学生的网络行为进行研究，有利于了解和把握整个网络空间中的行为特点。

其次，研究大学生网络行为是应对网络对大学生思想政治教育带来的机遇和挑战的迫切需要。随着参与网络活动的大学生人数持续增加，以及网络在大学生日常生活学习中重要性的日益凸显，网络必然会对大学生的思想产生深远影响，同时，也给大学生思想政治教育工作带来严峻的挑战和难得的机遇。一是网络以其丰富的资源扩充了大学生思想政治教育的内容。网络包罗万象、无奇不有，人们通过一个链接就可以轻松获取想要的信息。二是网络以其独特的传播方式创新了思想政治教育的方法。网络集文本、声音和图像于一体，方便快捷、形象生动，完全不同于读报、听讲座等传统教育方法。三是网络为大学生思想政治教育提供了一个开放平台，极大地提高了学生接受教育的自觉性和主动性。大学生正处于一个具有强烈自主性和渴望被尊重的年龄阶段，网络交流

① 曼纽尔·卡斯特.网络社会的崛起[M].夏铸九，王志弘，等译.北京：社会科学文献出版社，2001：441.

平台可以让大学生自由进出、畅所欲言，充分展现自我。

然而，网络这把“双刃剑”在带来机遇的同时，也给大学生思想政治教育工作带来了严峻挑战。一是网络加剧了西方意识形态的渗透，影响大学生思想政治教育的舆论导向。网络加速了中国传统文化与西方文化的交融，西方敌对势力借机向我国青年大学生进行有组织、有预谋的政治宣传和价值观输出，影响着大学生正确世界观、人生观和价值观的形成，同时也严重影响了思想政治教育的舆论导向。二是互联网技术的发展对大学生思想政治教育工作者的媒体运用素养提出了更高要求。大学生始终走在互联网运用的前列，大学生思想政治教育工作者应与时俱进，积极走进网络，主动占领网络思想政治教育的新空间。三是良莠不齐的网络信息和鱼龙混杂的网络环境严重影响了大学生的道德判断力，容易诱发大学生网络行为失范。网络空间夹杂着暴力、色情、低级趣味、诈骗等不良信息，大学生或主动或被动地接收这些信息，会对他们的身心健康产生危害，甚至诱发大学生网络行为失范。因此，研究大学生网络行为有助于积极应对网络时代大学生思想政治教育所面临的机遇和挑战。

再次，研究大学生的网络行为及其教育引导有助于有效应对网络行为失范，增强大学生思想政治教育的有效性和针对性。在自由开放的网络空间和良莠不齐的网络文化中，大学生的思想意识和道德修养不断受到冲击，他们的行为方式和生活经验在虚拟世界和真实生活中互相渗透、交融，这极有可能导致大学生混淆真实社会和虚实世界。面对育人环境的日益变化和大学生思想受网络影响不断加深的状况，传统的思想政治教育方法已经不足以应对网络所带来的挑战，不足以有效满足思想政治教育面临的网络时代新要求。“工欲善其事，必先利其器”，只有全面了解了当前大学生网络行为的教育引导现状及存在的问题，主动接受网络给大学生思想政治教育带来的挑战，才能有效改进当前的教育引导方法，实现大学生网络行为教育引导方法的多样性和综合性，增强大学生思想政治教育的有效性和针对性。因此，对大学生网络行为及其教育引导进行研究，不仅能为网络管理部门和高校教育工作者全面了解大学生网络行为状况、创新教育方法提供现实依据和合理建议，而且对于帮助大学生明确界限、分清虚实，养成健康网络行为习惯，提升全面素养，都有着重要的现实意义。

最后，对大学生网络行为及其教育引导的实证研究是对高校网络思想政治教育理论研究的丰富。我国于1994年正式接入国际互联网，自此网络背景下思想政治教育发展的新历程正式开启。高校从最初的被动适应网络带来的负面影响，到主动建设“红色网站”，再到自觉占领思想政治教育网络新阵地，不断探索和发展网络思想政治教育。有学者根据高校思想政治教育应用网络技术的状况以及工作模式的主要特点，将高校网络思想政治教育概括为三个重要的实践发展阶段：内容阵地建设阶段、网络群体建设与引导阶段和个性化沟通阶段[①]。当下，网络在高校已逐渐发展为大学生生活的一部分，成为他们越来越重要的交往方式和生活空间。在此情况下，大学生思想政治教育的现实背景因互联网的广泛渗透而改变，大学生思想政治教育工作者与时俱进地探索和尝试新理论、新方法，不论是建设思想政治教育主题网站还是建立网络交流互动平台，网络思想政治教育都将不断发展以立足于正在兴起的网络时代。因此，对大学生网络行为及其教育引导进行研究是思想政治教育领域的一个重要课题，有助于认清大学生网络思想道德建设的新情况、新问题，丰富大学生网络思想政治教育的理论研究。

二、国内外研究述评

（一）国内研究述评

近年来，学者们对网络、网络行为及网络对大学生的影响等问题进

① 张瑜.试析高校网络思想政治教育工作模式的演变[J].思想理论教育导刊，2007(12)：63-66.

行了大量的研究。研究内容主要涉及以下方面：网络社会及网络对大学生的影响，大学生网络行为及其行为后果等。

1. 关于网络社会的研究

1994年4月20日，中国的互联网时代正式开启。然而，中国关于计算机网络的研究远早于此，笔者通过整理分析相关文献资料，梳理出国内关于计算机网络的相关研究成果。Wushow Chou著、戚余禄翻译并于1977年在《电子计算机动态》上发表的题为《计算机通信网络的组成》①的论文是我国关于计算机网络研究的较早成果。自此之后，学界一直未停止对计算机网络的相关研究。2006年，赵莉对《新闻与传播研究》《新闻大学》《现代传播》《国际新闻界》这四种新闻传播类权威期刊以及《新闻与传播》在1996~2005年发表的所有网络传播研究论文进行内容分析，认为我国网络传播研究论文数量在2002年达到高峰，2003年开始有所回落，并将中国大陆的网络传播研究分为三个阶段，即1996年到1999年的网络研究起步阶段，2000年到2002年的网络研究热潮阶段，2003年到2005年的网络研究向纵深发展阶段②。2013年，张冠文、李晔、胡安川、王育济基于1994年1月至2011年12月间《新闻大学》《现代传播》《中国社会科学》《国际新闻界》《新闻与传播研究》《新华文摘》这六种新闻传播类权威期刊论文发表的情况，将我国互联网学术研究18年的发展概括为“是什么?”“怎么样?”“为什么?”“如何发展?”四个阶段。他们认为，1994~2001年互联网研究论文的数量不断增加，于2001年达到最高值后开始减少，于2005年出现低谷后再逐渐回升，虽然在2008年稍有波动，但整体上迅速增加，2010~2011年增速比较平稳③。

① Wushow Chou.计算机通信网络的组成[J].戚余禄，译.电子计算机动态，1977(02)：17-26.

② 赵莉.十年来我国网络传播研究的进步与不足——对1996-2005年网络传播研究的实证分析[J].国际新闻界，2006(11)：54-58.

③ 张冠文，李晔，胡安川，等.我国互联网学术研究述评[J].新闻大学，2013(02)：69-72.

随着网络的发展和应用，除了媒体属性外，网络的社会属性越来越受关注。中国互联网络信息中心（CNNIC）于1997年开始牵头组织有关互联网单位共同开展互联网络行业发展状况调查，截至2021年2月已成功发布了47次中国互联网络发展状况统计报告。近年来，通过分析中国互联网络发展状况统计报告进而研究中国互联网发展对社会发展影响的成果在不断增加。2006年，杨礼富在其博士学位论文《网络社会的伦理问题探究》中指出，网络社会来源于以计算机为结点的“物的网络”与以人为结点的“人的网络”的复合。现实社会是网络社会的基础，网络社会作为现实社会的折射和反映，与现实社会共同构筑了当代人类社会①。2007年，蔡文之更加明确地指出互联网的实质是人类为自己开拓的另一个社会交往空间和文明发展平台②。2014年，彭兰分别从网络媒体对传统媒体的蚕食、网络媒体对传统媒体的深层冲击、网络媒体向网络社会的延展、网络社会疆域的再扩张等四个方面对中国互联网20年的渐进与扩张进行了深入研究。她认为自1994年接入互联网开始，中国互联网发展的20年是一个由弱到强、由边缘到主流的过程，也是一个由网络媒体向网络社会扩展的过程；今后我国新闻网站与传统媒体的思考和谋划必须在“网络社会”的基础上进行③。2015年，郑志峰对网络社会的被遗忘权进行了研究。他认为，在过去，一些尴尬的、不想被人们记住的信息随着时间的推移将逐渐被遗忘，但是随着数字技术的发展和网络全球化的到来，“记忆成为常态，遗忘却成为例外，互联网‘永久记忆’的时代已经到来”，“我们的过去正像刺青一样刻在我们的‘数字皮肤’上”④。2020年，李占国专门研究了网络社会的司法治理，他指出网络空间不是法外之地，只有依法治网才能扬网络技术之长，避网络治

① 杨礼富.网络社会的伦理问题探究[D].苏州:苏州大学,2006:3-4.

② 蔡文之.国外网络社会研究的新突破——观点评述及对中国的借鉴[J].社会科学,2007(11):96-103.

③ 彭兰.从网络媒体到网络社会——中国互联网20年的渐进与扩张[J].新闻记者,2014(04):15-21.

④ 郑志峰.网络社会的被遗忘权研究[J].法商研究,2015(06):50-60.

理之短[1]。网络社会的其他属性也逐渐被关注。

2. 关于网络对大学生影响的研究

当代大学生是网络的“原住民”和使用网络的主力军，是我国网民群体中非常重要的组成部分。网络给大学生的学习和生活带来了巨大的便利，例如，网络有利于信息传播与交流，更新了大学生的观念和思想；网络空间使得距离不再是交流的障碍，QQ、微信等社交软件扩大了大学生的交际圈；网上购物、网上订餐和网络订票等，让大学生的生活更加便捷；网络课堂可以促进大学生自主学习，帮助大学生获得更加全面的知识等。网络的消极影响亦非常突出，例如，网络游戏成瘾导致个别大学生学业荒废；沉溺于网络虚拟世界导致一些大学生不愿意与外界交流，引起亲情、友情、爱情的缺失；依赖网络“享受”他人成果，论文抄袭现象偶有发生；等等。网络对大学生的影响已引起国内学者的广泛关注，近年来的相关研究成果也在逐渐增多。

在网络发展的初期就有学者以网络对大学生心理的影响为研究对象展开研究，例如，2001年，郑爱明、曲兆敏、潘熹春在《信息网络对大学生心理的影响及干预措施》一文中指出，互联网对大学生的吸引力是与互联网的固有特征及大学生自身的心理特点联系在一起的。信息网络对大学生而言是一个挡不住的外在诱惑。同时，网络对大学生心理的负性作用也日渐明显，例如网络的特征易造成大学生社会化不足，网络的高科技特征易造成大学生对科技的盲目崇拜心理，网络的虚拟性特征易造成大学生人格统一性危机等[2]。2009年，万峰在其博士学位论文中指出，网络文化在给大学生带来主体意识增强、平等意识提高、开发精神扩展、包容意识培育、伦理素质提升、个性化自由发展等积极影响的同时，也带来了价值取向紊乱、社会责任淡化、道德人格分裂、道德情感

---

① 李占国.网络社会司法治理的实践探索与前景展望[J].中国法学,2020(06):5-23.

② 郑爱明,曲兆敏,潘熹春.信息网络对大学生心理的影响及干预措施[J].南京医科大学学报(社会科学版),2001(03):235-237.

冷漠、心理健康失衡、人文素养缺失等消极影响[①]。同时，国内学者也积极通过调研对网络影响展开实证研究。例如，2010年，陈炳、贝静红通过对浙江省7所高校近2000名大学生的问卷调查，对网络对大学生政治社会化的影响与调控策略进行了研究。研究发现，不同上网频率的大学生在政治社会化方面存在显著差异，大学生上网用于了解和参与政治的比例相对较低，上网频率高的大学生的政治价值取向更偏离主流等[②]。2015年，叶映华通过问卷调查对大学生认同困惑与问题网络使用对生命意义感的影响进行了研究。研究发现，大学生每天上网时间普遍较长，问题网络使用消极影响生命意义感，问题网络使用是社会认同影响生命意义感的中介变量[③]。

关于网络对大学生影响研究的关注点已涉及网络对大学生道德、价值取向、人际交往、社会心理与行为、心理健康、生活方式、非正式学习和综合素质的影响等方面，研究范围不断扩大，研究对象逐渐细化。从目前的研究状况来看，学界能够辩证地看待网络对大学生所产生的影响，其中包括积极影响和消极影响，不一味地肯定积极影响，也不盲目地批评消极影响。同时，学者们从不同的研究视角出发，例如，从心理学、传播学、思想政治教育学、伦理学等视角，研究网络对大学生的价值观念、思维方式、身心健康等方面所产生的影响，研究成果丰富，具有一定的现实价值。

3. 关于大学生网络行为的研究

（1）关于网络行为的研究。笔者利用顺查法对中国知网（CNKI）中关于“网络行为”的文献资料进行了梳理和分析。1997年，陆俊、严耕在《国外网络伦理问题研究综述》中以“网络行为”作为关键词，对国

① 万峰.网络文化对大学生伦理道德影响的研究[D].上海:上海师范大学,2009:60-83.

② 陈炳,贝静红.网络对大学生政治社会化的影响与调控策略——基于浙江省高校的问卷调查[J].中国青年研究,2010(11):57-61.

③ 叶映华.大学生认同困惑与问题网络使用对生命意义感的影响[J].教育研究,2015(06):103-109,159.

外关于网络伦理问题的研究进行分析，指出网络行为和其他社会行为一样，需要一定的规范和原则[①]。随后，1999年，周运清、苏娜发表论文《网络行为与社会控制》[②]，明确将“网络行为”作为研究主题。笔者通过梳理文献发现，国内对“网络行为”的研究进展并不迅速，以“网络行为”作为关键词在中国知网上搜索发现：1997年和1999年各有1篇文章，2000年有3篇，2001年有5篇，2003年和2004年各有13篇，2005年有20篇，2006年有37篇……2014年也仅57篇。从文章的数量上看，国内对“网络行为”的研究远远跟不上网络在中国的推广速度以及网民在网络上行为的活跃程度。

（2）关于大学生网络使用行为的研究。2011年，笔者通过问卷对大学一年级新生进行了调查，调查结果显示，大学一年级新生更加关注网络的娱乐休闲功能，45.51%的被调查者表示对网络上的体育、娱乐内容感兴趣[③]。2014年，楼巍对上海高校3万余名大学生进行了问卷调查，结合调研结果把大学生网络行为分为五大类型，分别是“网络学习”“网络娱乐”“网络社交”“网络表达”和“网络商务”等[④]。2020年，丁子恩、刘勤学对大学生的网络交往、自尊、公我意识以及网络利他行为的情况进行了调查，发现网络交往对网络利他行为具有正向预测作用，自尊在网络交往和网络利他行为间起部分中介作用[⑤]。

（3）关于大学生网络行为特征的研究。2002年，李正良、李大立从行为科学的角度将大学生网络行为特征归纳为“六弱六强”。“六弱”分别指约束力减弱、道德责任减弱、目的性减弱、群体性减弱、依赖性减弱和保守性减弱；“六强”分别与“六弱”相对应，即自由度增强、游

---

① 陆俊，严耕．国外网络伦理问题研究综述［J］．国外社会科学，1997(02)：14-18.

② 周运清，苏娜．网络行为与社会控制［J］．情报杂志，1999，18(03)：11-13.

③ 朱琳．大学新生网络行为的分析与引导［J］．高校辅导员学刊，2011，3(01)：62.

④ 楼巍．大学生网络行为分析及网络德育文化建设路径探究［J］．思想理论教育，2014(05)：76-80.

⑤ 丁子恩，刘勤学．大学生网络交往与网络利他行为的关系：自尊与公我意识的作用［J］．心理发展与教育，2020，36(02)：175-183.

戏心态增强、盲目性增强、个性化增强、独立性增强和创新性增强①。2010年，何向阳通过调查得出如下结论：大学生网络行为具有明显的娱乐性、经济和时间的不独立性、现实中心性的特征②。2011年，张瑞雅、王集令和武昌杰通过对以人人网为代表的SNS环境下大学生网络行为进行研究，发现大学生网络行为具有如下网络文化特征：在一定程度上引领着SNS网络文化生活潮流的发展方向，娱乐性是其网络文化生活的重要特征之一，参与式文化是其在SNS网站中网络行为的显著特征③。

（4）关于大学生网络行为影响因素的研究。2006年，胡纵宇分析认为影响大学生网络行为的因素有：网络的现代化、网络丰富的功能、网络文化的心理角色变化、网络伦理道德的先天不足等网络固有特点；负重的高等教育、落后的家庭教育、宏观的社会环境等外部特征；当代大学生群体思维独立性与开放性的发展，技能意识与竞争意识、目的性与果断性的增强，群体观念与道德伦理、情感体验与兴趣、自控能力与坚持精神的弱化等大学生自身特点④。2013年，李月琳、李昂、王明等对性别、年级、专业、生源地、网龄等因素对大学生网络使用行为的影响进行调查研究发现，这些因素不同程度地塑造了大学生的网络使用行为，如性别和年级影响大学生网络使用行为的多个方面，专业、生源地、网龄和情境也影响了他们网络使用行为的不同方面⑤。

国内研究细化到“大学生网络行为”发生于2000年前后。研究历程大致为：1997年至2005年为研究的起步阶段，每年只有零星的几篇研究

① 李正良，李大立.论大学生网络行为特征[J].湖南工程学院学报(社会科学版)，2002，12(01)：72-74.

② 何向阳.大学生网络行为的调查分析[J].当代教育理论与实践，2010，2(06)：104-106.

③ 张瑞雅，王集令，武昌杰.SNS环境下大学生网络行为的特征分析[J].中国电力教育，2011(23)：168-169.

④ 胡纵宇.影响大学生网络行为的主要因素分析[J].山东省青年管理干部学院学报，2006(06)：23-26.

⑤ 李月琳，李昂，王明，等.大学生网络使用行为研究：影响因素及理论模型[J].情报理论与实践，2013，36(09)：21-27.

成果；2006年至2012年为研究的发展阶段，研究范围和研究主题均开始增加；2013年达到最高峰，之后为研究的成熟完善阶段。关于大学生网络行为的研究主要集中在两个方面：第一个方面是大学生使用网络的具体情况，包括上网时间、地点和使用目的等基本情况以及通过网络交友、购物、游戏等具体情况，以实证调查与定量研究为主；第二个方面是大学生网络行为的现状、特征、存在的问题及影响因素等，以实证调查与定性分析为主。

4. 关于大学生网络行为后果的研究

（1）关于大学生网络失范行为的研究。在网络虚拟“场域”中，大学生所表现出来的行为仍然具有一定的社会属性，其本质上仍是社会行为。行为都会伴随产生一定的后果，大学生网络行为也不例外。国内学者对大学生网络行为后果的研究主要集中在大学生网络行为产生的不良后果方面，即“网络失范行为”“网络不良行为”或“网络问题行为”。笔者将研究范围具体到“大学生网络失范行为”在中国知网上进行检索时发现，2002年张世友在《涪陵师范学院学报》上发表的《大学生网络失范行为及对策思考》①一文为此类研究的较早成果。笔者以“网络行为失范”进行检索发现，2001年温远鹤在《广州大学学报》（综合版）上发表的《浅谈网络言语行为的道德失范问题》②为此类研究的较早成果。

（2）关于大学生网络行为失范表现的研究。2009年，吴子国、田秀云、焦洪磊等人将大学生网络行为失范归纳为“影响国家、社会安定团结的网络行为”“危及计算机网络安全的行为（‘黑客’行为）”“浏览、传播黄色信息的网络行为”“网络成瘾行为”等四种类型③。2010

① 张世友.大学生网络失范行为及对策思考[J].涪陵师范学院学报，2002，18(02)：69-72.

② 温远鹤.浅谈网络言语行为的道德失范问题[J].广州大学学报(综合版)，2001，15(10)：72-75.

③ 吴子国，田秀云，焦洪磊，等.大学生网络行为失范的对策[J].中国成人教育，2009(02)：39-40.

年，吕晓峰、王英对大学生网络行为失范的表现进行了分析，认为“沉迷于网络色情”“沉迷于网络游戏”“沉迷于网络虚拟世界中的人际关系”“沉迷于网上的海量信息”等是最主要的四种表现①。也有学者专注于研究某一种具体网络行为失范，例如，2014年，王玉华通过对“少女毁容”事件的剖析，梳理出网络公共事件传播过程中微博伦理失范的四个现象，即微博语言暴力、微博谣言（虚假信息）、微博隐私侵犯、微博群体极化②。2016年，朱琳通过问卷调查，从网络违规行为、网络侵权行为、网络暴力行为和网络犯罪行为四种大学生网络行为失范类型着手，分析了大学生网络行为失范的具体表现及原因③。

（3）关于大学生网络行为失范影响因素的研究。2007年，李一分别从网络行为失范赖以生成的客观环境因素和外在条件、导致网络行为失范的主观因素两个方面对网络行为失范的生成机制进行了深入分析④。2008年，郑培钢、李晓丹在江苏大学四个年级的文、理、工、医科专业的本科生中进行问卷调查，通过数据分析总结出导致大学生网络行为失范的主要原因有以下六条：网络道德情感缺失严重、特定心理动机的内在驱使、虚拟世界生活的随心所欲、社会不良文化的负面影响、高校教育管理的相对薄弱和相关法规建设的明显滞后等⑤。2011年，陶韶菁、王功敏通过问卷调查对大学生网络失范行为的现状、原因及规避对策进行了分析，认为大学生“网络抄袭、网络暴力、网络侵权等网络失范行为”在增多，并认为自身身心发展的规律和特点生成了大学生网络行为

① 吕晓峰，王英．大学生网络行为失范及其应对策略[J]．教育探索，2010(06)：118-119.

② 王玉华．网络公共事件传播中微博伦理失范与规制研究[D]．合肥：中国科学技术大学，2014：49-63.

③ 朱琳．大学生网络行为失范的类型、成因与对策[J]．华东师范大学学报(教育科学版)，2016(02)：88-95.

④ 李一．网络行为失范的生成机制与应对策略[J]．浙江社会科学，2007(03)：97-102，132.

⑤ 郑培钢，李晓丹．大学生网络失范行为的调查与分析[J]．黑龙江高教研究，2008(12)：126-129.

失范的可能性，网络的开放性、虚拟性特点易导致大学生出现网络失范行为，多元网络文化加剧了大学生网络失范行为的复杂性①。

（4）关于大学生网络失范行为教育引导的研究。2002年，施莉、金坚真围绕外在教育和自我教育，分别从加强网络道德教育、加强网络安全教育、加强网络法规教育以及自身建设等方面针对网络带来的影响进行了对策探讨②。这是关于网络不良影响应对策略的较早研究，但未关注到学校教育对于教育引导大学生网络行为的重要性。2006年，苏亚杰从“两课”教育引进网络、网络思想政治教育师资队伍建设、网络伦理规范建设、校园BBS网站的舆论引导以及网络文化建设等方面，探讨了大学生思想政治教育引进网络的对策③，但这并非针对大学生网络行为教育引导而提出的对策。之后，李一的《网络行为失范的生成机制与应对策略》（2007年），吴子国、田秀云、焦洪磊等的《大学生网络行为失范的对策》（2009年），张景胜的《大学生网络失范行为防范模式的构建——以约束理论为基础》（2012年），朱琳的《化解外烁困境：大学生网络行为的自觉内塑》（2020年）等，对大学生网络行为教育引导的对策进行了研究，研究的针对性在逐渐增强。

目前，大学生网络行为及网络行为失范背后所折射出的思想问题、道德问题或心理问题等已逐渐引起国内学者的广泛关注，针对这些问题的研究也逐步深入。但就目前来看，研究的针对性有待进一步加强，尤其是对大学生网络行为失范这一课题的研究有待进一步深入。在现有文献中，针对大学生网瘾、网络违法犯罪、网络消费、网络道德以及网络虚拟交往行为等方面的研究较多，关于大学生网络行为、网络行为失范以及网络失范行为教育引导等方面系统的、全面的研究较少。

① 陶韶菁，王功敏.关于大学生网络失范行为的调查和思考[J].思想理论教育导刊，2011(07):107-109.

② 施莉，金坚真.网络对大学生行为的影响及其对策分析[J].中国电子教育，2002(04):7-10,29.

③ 苏亚杰.浅谈网络对大学生思想政治教育的影响及应对策略[J].佳木斯大学社会科学学报，2006,24(3):116.

（二）国外研究述评

马歇尔·麦克卢汉曾在他的《理解媒介——论人的延伸》一书中预言，随着电子媒介的发展，世界将逐渐变为一个地球村[①]。正如马歇尔·麦克卢汉所言，随着网络时代的到来，地球上的时空距离骤然缩短，国际交往日益频繁，整个世界的人们如同生活在同一个村落——“地球村”。也正如美国著名未来学家阿尔文·托夫勒所说：谁掌握了信息、控制了网络，谁就拥有了整个世界[②]。网络已显著改变人们的交流习惯、生活习惯以及人与人之间的关系和活动。被誉为信息技术及理念发展“圣经”的《数字化生存》[③]是国外关于互联网的重要研究成果，其作者是美国著名未来学家尼古拉·尼葛洛庞帝。可以说，网络塑造了一个全新的行为场域，人们在这个场域中作出各种全新行为。同时，手机等移动互联网终端也引起国外学者的关注，例如美国学者保罗·莱文森的著作《手机——挡不住的呼唤》[④]重点阐述了手机对于现代人的重要性和不可缺少性。然而，互联网的发展也引起了一些国外学者的担忧和怀疑，例如，来自芝加哥大学的凯斯·桑斯坦教授，通过《网络共和国：网络社会中的民主问题》一书深入探讨了网络所带来的民主问题，他随机对60个政治网站进行调研发现，多数政治网站都不会链接到与自己意见相左的网站，容易造成群体意见极端化，深深表达了其对网络信息屏蔽技术及网络群体交流隔绝可能产生的后果的担忧[⑤]。可见，互联

① 马歇尔·麦克卢汉．理解媒介——论人的延伸[M]．何道宽，译．北京：商务印书馆，2000：422-436.

② 付钰，吴晓平，陈泽茂，等．信息对抗理论与方法[M]．武汉：武汉大学出版社，2016：1.

③ 尼古拉·尼葛洛庞帝．数字化生存[M]．胡泳，范海燕，译．海口：海南出版社，1997.

④ 保罗·莱文森．手机——挡不住的呼唤[M]．何道宽，译．北京：中国人民大学出版社，2004.

⑤ 凯斯·桑斯坦．网络共和国：网络社会中的民主问题[M]．黄维明，译．上海：上海人民出版社，2003：9-10.

网自诞生之日起就成了一个热门话题，并引起了国外学者的广泛关注和深入研究，他们关于网络及与其相关问题的研究也是随着网络技术的发展而不断深入展开的。

国外对网络行为的实证研究成果也很丰富。例如，“美国在线”与Roper Starch调查公司自1998年开始合作，通过电话追踪调查美国网络用户，尤其对他们的网络行为、使用网络带来的影响进行重点调查①。另外，美国加州大学洛杉矶分校自2000年开始发布美国互联网调查报告，同时于2004年展开对各国数据的比较研究；Steve Jones等对美国40所高校大学生使用网络的行为进行了调查，发现基于种族差异的大学生网络使用行为的差异更为复杂；2017年，Tanantaputra等在大学生群体中展开调查，考察了个人网络素养对信息隐私行为的影响②。

国外学者对于网络行为后果也进行了大量的研究。1994年，美国的精神科医师Ivan Goldberg较早提出“网络成瘾”，并依据美国精神疾病分类与诊断手册中关于药物依赖的判断标准提出“网络成瘾症”的概念③。1996年，美国匹兹堡大学的Young K S博士发表的关于网络成瘾的论文，引起心理学界对网络成瘾的普遍关注④。网络成瘾给网民们的日常生活、工作和学习都带来破坏性的影响，导致人们工作和学习的效率下降，从而带来失业、辍学、家庭关系破裂甚至犯罪等社会问题。此外，匹兹堡心理学家金伯利·S.扬还对“网络成瘾”展开了实证研究，他所著的《网虫综合征——网瘾的症状与康复策略》⑤一书揭示了这一社会现象的起因、表现方式，同时提出了具有针对性的康复策略。

---

① 赵建民，姜梦妍.无锡市青少年网络应用现状调查研究[J].现代教育技术，2012，22(06):35-38.

② 武文颖.大学生网络素养对网络沉迷的影响研究[D].大连:大连理工大学，2017:7-18.

③ 钟欣，陶然，杨凤池.网络成瘾心理干预研究[J].首都医科大学学报，2008，29(05):569.

④ 孙喜蓉.网络成瘾综合症研究综述[J].中国健康心理学杂志，2005，13(02):158-160.

⑤ 金伯利·S.扬.网虫综合征——网瘾的症状与康复策略[M].毛英明，毛巧明，译.上海:上海译文出版社，2000.

（三）研究成果与不足

近年来，不论是国内还是国外，均对网络及这一复杂空间中所产生的问题进行了广泛研究，学者们从经济、政治、文化和法律等角度，探寻分析和解决问题的方法和策略，涌现出大量优秀的论文和著作，研究成果丰富。

首先，关于网络社会及其对大学生群体影响的分析较为透彻。国内外学者除了对网络的媒体属性进行了大量研究以外，对网络由网络媒体向网络社会扩展的进程及特征也进行了深入分析；同时，对网络对大学生群体影响的研究也较为透彻。目前，已出版和发表了大量的研究成果。例如，刘文富、唐亚林、文军等人的《全球化背景下的网络社会》（2001年，贵州人民出版社），迪克（Dijk，J.V.）著、蔡静翻译的《网络社会（第三版）》（2020年，清华大学出版社），李一的《网络社会治理》（2014年，中国社会科学出版社），陈华的《文化自觉之路——网络社会治理的实践与思考》（2014年，人民出版社）等著作；陈晓强的《虚拟社群：一种新的、真实的社会群体形式》（2002年），楼培敏的《网络环境下人类价值观面临的挑战与跨越》（2007年），刘少杰的《网络化时代的权力结构变迁》（2011年），何哲的《网络社会治理的若干关键理论问题及治理策略》（2013年）等有关网络社会的研究文章；张淑田的《网络传播对大学生思维方式及价值观念的影响分析》（2004年），张法、赵勇的《网络对大学生道德观念的影响与教育对策》（2008年），万峰的博士学位论文《网络文化对大学生伦理道德影响的研究》（2009年），赵国栋、原帅、王珠珠的《大学生网络生活方式之聚类分析：以北京大学为例》（2010年），曹荣瑞、江林新、廖圣清等的《上海市大学生网络使用状况调查报告》（2012年），郝文斌、张鹏飞的《网络“丧文化”影响青年大学生的样态分析》（2020年），王肖的《大学生短视频热现象的原因分析、潜在风险及应对策略》（2021年）等关于网络对大学生影响的研究成果。

其次，关于大学生典型网络行为的研究较为深入。随着大学生用网的深入，网络除了影响大学生的思想外，还对大学生外显的行为带来一定影响，学界对于大学生典型的网络行为及其危害进行了深入研究，并从心理学、社会学、伦理学等视角加以分析，研究成果丰富。例如，黄少华、陈文江主编的《重塑自我的游戏——网络空间的人际交往》（2002年，兰州大学出版社），李一的《网络行为失范》（2007年，社会科学文献出版社），黄少华的《网络空间的社会行为——青少年网络行为研究》（2008年，人民出版社），蒋海升、毛新青、马宇飞等的《青少年网络道德建构研究》（2011年，山东大学出版社），王贤卿的《道德是否可以虚拟——大学生网络行为的道德研究》（2011年，复旦大学出版社）等著作；何向阳的《大学生网络聊天现状调研》（2010年），梁丽的《大学生网络交往行为及其引导》（2012年），万晶晶、刘丽芳、方晓义的《大学生心理需求、自我效能与网络成瘾的关系研究》（2012年），李玉斌、武书宁等的《大学生网络学习行为调查研究》（2013年），闫宏微的博士学位论文《大学生网络游戏成瘾问题研究》（2013年），黄飞的博士学位论文《大学生网络消费偏好识别及影响因素研究》（2013年），胡神松、魏纪林的《大学生文化传播领域知识产权侵权行为研究》（2013年），赵希的《大学生手机网络使用现状的调查与分析》（2014年），吴月华、赵心悦、李武的《大学生网络游戏行为对学术不端的影响》（2020年），何雯、夏赟的《大学生手机成瘾与心理需求、手机使用的关系研究》（2021年）等与大学生相关的网络行为现状的研究成果。

最后，关于网络背景下大学生思想政治教育的研究较为系统。网络时代如何开展大学生思想政治教育以及大学生思想政治教育如何适应网络时代等是学界普遍关注的课题，目前已有的研究成果较为系统，主要涉及网络背景下大学生思想政治教育的内容、方法、对策、现状、存在的问题以及网络行为的教育引导等方面。例如，教育部思想政治工作司组编的《大学生网络思想政治教育》（2011年，高等教育出版社），谭仁杰主编的《网络时代的高校思想政治教育》（2014年，武汉大学出版社），李才俊、唐文武主编的《网络视角下的思想政治教育方法新探》（2014年，西南交通大学出版社）等著作系统研究了网络背景下的大学生思想政治教育；黎影、杨成的《大学生网络道德失范问题及其对策》（2011年），周涛的博士学位论文《网络舆论环境下的高校思想政治教育研究》（2011年），王贺的《网络时代大学生思想政治教育实效性探析》（2012年），李凡、李德才的《关于网络思想政治教育方法创新的思考》（2012年），李德福的《高校开展网络思想政治教育的困难及对策研究》（2014年），滕建勇、严运楼、丁卓菁的《大学生网络行为状况分析及教育对策》（2015年），李小玲的《“微时代”大学生网络行为新样态与引导策略》（2019年），梁钦、蒲清平、肖国芳的《大学生网络思想政治教育的范式演进与经验启示》（2020年）等研究涉及网络背景下大学生思想政治教育的内容、方法、现状、困境、对策等方面。

现有研究成果是后续研究的基础和铺垫，对后续研究有较好的启发作用。但也存在一些不足，主要表现为以下三个方面：一是现有研究缺乏深入的事实分析和实证研究，关于网络对大学生思想与道德影响的深层次研究不够，以主观分析和判断为主。二是以思想政治教育学为视角研究大学生网络行为表现的成果不丰富，现有研究多数以心理学、传播学或伦理学为研究视角。三是对大学生网络行为教育引导的实证研究较少，现有研究多为网络背景下大学生思想政治教育对策的理论研究，较少理论联系实际地对大学生网络行为及其教育引导进行实证研究。现有研究中存在的不足是需要进一步提升、深化和进步的地方，为后续研究提供了创新依据和发挥空间。

三、研究思路、研究方法与创新之处

（一）研究思路

在网络信息时代背景下，本书以马克思主义理论为指导，坚持理论与实践相结合，注重问题导向，遵循“发现问题—分析问题—解决问题”的研究思路，综合运用思想政治教育学、伦理学、社会学、传播学等多学科交叉研究的方法，在对当代大学生网络行为现状和网络行为教育引导现状进行深入分析的基础上，探索高校开展大学生网络行为教育引导的路径，尝试构建大学生网络行为评价体系。通过对大学生网络沟通交往行为、网络论坛行为、网络游戏行为、网络信息浏览行为、网络购物行为、手机上网行为等网络行为现状的调查，概括总结出大学生网络行为的主要特点与发展趋势，重点分析大学生网络行为失范的主要表现及其成因，为大学生网络行为的教育引导提供一些对策和建议；着力分析高校、家庭以及社会参与大学生网络行为教育引导的现状，力求在高校创新与改进大学生思想政治教育的方法，提高大学生网络行为教育引导的实效性乃至提升大学生的全面素质等方面有所突破。

（二）研究方法

本书主要运用了理论与实践相结合的方法、文献法、问卷调查法、统计分析法、比较分析法等研究方法。

首先是理论与实践相结合的方法。本书是理论研究与实践探讨紧密结合的研究成果，坚持从大学生网络行为及其教育引导的现状出发，以思想政治教育学、传播学、社会学、伦理学等理论为基础，探讨大学生网络行为的基本特点和发展趋势、大学生网络行为失范的主要表现及其成因，尝试提出高校开展大学生网络行为教育引导的路径。此研究方法贯穿始末。

其次是文献法。笔者参考了国内外关于大学生网络行为及其教育引导、网络思想政治教育等研究成果，以及国家关于加强大学生网络思想政治教育、加强网络文化建设等方面的政策文件，对相关文献资料进行梳理，阐述国内外关于此领域的研究成果，在充实本书内容的同时，也为笔者的研究提供了有力依据。

再次是问卷调查法和统计分析法。笔者在大学生、高校教育工作者、大学生家长等群体中展开问卷调查，运用社会学统计分析方法，详细分析大学生网络行为及其教育引导的现状。

最后是比较分析法。笔者通过对不同性别、不同生源地、是否独生子女等大学生的网络行为进行比较研究，探讨大学生网络行为的主要特点和发展趋势；从高校开展大学生网络行为教育引导的现状、目的以及应遵循的基本原则出发，探讨高校开展大学生网络行为教育引导的路径，力求创新与改进大学生思想政治教育的方式方法。

（三）创新之处

本书的创新点主要体现在以下三个方面：

一是将大学生网络行为教育引导的全过程作为研究对象。已有研究成果的调研群体较为单一，笔者对大学生、高校教育工作者及大学生家长等三类群体进行问卷调查，此三类群体的分布面较广、数据量较大，笔者对其中涉及的人群的因素、人的行为的因素、环境的因素及教育的因素等进行了逐一分析，并与前期所掌握的调研数据进行对比，从多群体的视角深入分析大学生网络行为及其教育引导的现状。

二是对大学生六种典型网络行为及八种网络行为失范的主要表现进行了调查和研究。已有研究成果多集中于对某一种或一两种大学生网络行为进行调查研究，而笔者对大学生在网络中的沟通交往行为、论坛行为、游戏行为、信息浏览行为、购物行为、手机上网行为等六种典型网络行为进行了调查，并在此基础上对传播非主流意识形态、扩散网络不良资讯、浏览网络黄色信息、沉迷网络游戏、实施网络暴力、滥用网络语言、侵犯网络知识产权、参与网络犯罪等八种网络行为失范的主要表现及其成因进行分析，调查内容较为全面，研究结果有据可依。

三是初步构建了大学生网络行为评价体系。笔者对大学生网络行为评价体系构建的目的和原则进行了分析，充分考虑评价体系的可操作性、导向性、发展性、层次性，从而确立网络行为的评价指标，并初步构建了大学生网络行为评价体系。

第一章　相关基本问题的界说与考察

在绪论中笔者对本书的研究背景与研究意义、国内外研究述评，以及研究思路、研究方法与创新之处等进行了详细阐述，可以看到，随着网络技术的运用和发展，网络已融入大学生学习和生活的各个方面，网络对大学生思想和行为所带来的影响也引起了学者们的普遍关注，其中最引人关注的是大学生网络行为失范。本章主要对行为、网络行为及网络行为失范的概念，网络对大学生的影响，大学生网络行为与现实道德的关系等相关基本问题进行界说与考察，并对大学生网络行为调查问卷的设计与实施进行详细说明。

一、网络行为与网络行为失范的概念界说

（一）行为及其影响因素

关于“行为”，不同学科有不同的界定。生理学认为，行为是指人的心脏的跳动、消化系统的运行、肌肉和内分泌腺的活动，是可观察的动作。心理学认为，行为是指人的各种器官对外界刺激所产生的反应，人的行为起源于脑神经的交合作用，形成意识，当意识通过动作表现出来便成为行为，意识是一种内隐性的行为①。思想政治教育学则认为，行为是人类为满足需要而采取的一连串行为（动作）所组成的作为②。可

① 洪守义.青年行为学[M].北京:中国青年出版社,2004:2.

② 邱伟光,张耀灿.思想政治教育学原理[M].北京:高等教育出版社,1999:76.

以说，行为是在政治、经济、文化及个人思想价值观念的影响下，以个人或团体形式所表现出来的生活态度及具体的生活方式，或对自身和外部环境刺激所做出的能动反应。因此，个体差异及环境的不同都会造成行为的千差万别。

关于人类的行为，德国心理学家卢因于1951年提出了著名的人类行为公式：B=f（P·E）①。公式中的B表示行为，P指的是人内在的心理特征，E指外在环境的影响。公式的含义是人的行为表现是其内在因素与外在因素相互作用的结果。因此，可以将行为的影响因素概括为内在影响因素和外在影响因素。

1. 内在影响因素

内在影响因素主要包括需要、价值观、目标、情感、人生经验等。

第一，需要。“任何人如果不同时为了自己的某种需要和为了这种需要的器官而做事，他就什么也不能做。”② “他们的需要即他们的本性。”③人如果没有需要，就不会有行为的内在动力。反过来，人的需要必须通过行为（行动）才能满足。需要是人类行为的内动力，决定着行为与否。

第二，价值观。“价值观（Values）是人们关于事物重要性的观念，是依据客体对于主体的重要性对客体进行价值评判和选择的标准。”④个体的价值观是在一定世界观和人生观的基础上，受社会群体价值观的影响，逐渐形成的。价值观不仅决定了人的价值判断和选择，还决定了其生活态度、前进方向甚至人生意义。受生活环境及自身世界观和人生观的影响，每个人的价值观不尽相同。与此相应，不同的生活环境和价值取向决定了人们行为方式的不同。

① 孙绵涛. 教育组织行为学[M]. 福州：福建教育出版社，2012：106.

② 马克思，恩格斯. 马克思恩格斯全集：第三卷[M]. 北京：人民出版社，1960：286.

③ 马克思，恩格斯. 马克思恩格斯全集：第三卷[M]. 北京：人民出版社，1960：514.

④ 金盛华，郑建君，辛志勇. 当代中国人价值观的结构与特点[J]. 心理学报，2009，41（10）：1000.

第三，目标。“目标是人行为所要达到的预期结果，是满足人需要的对象。”[①]目标分为长期目标和短期目标，长期目标给行为“掌舵”，短期目标给行为以“内驱力”。人生由大大小小、一个个短期目标所组成，通过具体行为去完成一个个短期目标，人生目标（长期目标）必然会实现。可以说，目标是行为的内在驱动力，决定行为的结果。

第四，情感。人类是情感丰富的高等动物，喜、怒、忧、思、悲、恐、惊是他们情感充分而具体的表露。人们在追求理想信念、完成目标任务，以及生活并享受快乐的过程中，均表现出丰富而强烈的情感。作为一种潜在的主观意识，情感无时无刻不体现在人们的活动中，影响着人们甚至左右人们的行为。

第五，人生经验。人们自觉地对其人生经历所产生的感性认识进行理性思索和总结，就形成了一定的人生经验。概括地说，人生经验就是个人对其“人生经历的一种觉悟与理性认识”[②]。人生经验在很大程度上反映了一个人的认识水平，并充当自己的“教师”，指导自己的行为，决定自己的发展方向。

2. 外在影响因素

影响行为的外在因素主要包括社会环境（尤其是文化环境）、家庭环境、学习和工作环境、群体风气等。

第一，社会环境。人们存在于社会大环境之中，环境于人类具有较强的影响力和感染力，其影响的发生往往是潜移默化的。社会环境包括政治环境、经济环境和文化环境，它们都会对人类的行为产生影响，其中较为突出的是文化环境的影响。文化环境是指社会文化系统诸要素的总和，主要包括价值观、社会规范、风气习俗、物质文化等构成要素[③]。其中，价值观是判断人们行为的标准，只有统一判断标准，社会才能和

① 王益明，耿爱英．实用心理学原理[M]．济南：山东大学出版社，1997：253.

② 邱柏生．人生观教育应重视人生经验环节[J]．复旦教育，1992(03)：21.

③ 王友成．试论网络时代思想政治教育活动中的社会文化环境因素[J]．周口师范学院学报，2005，22(04)：71.

谐。社会规范包括道德规范和法律规范，前者是对人们利益选择行为的无形约束，后者则是刚性的社会规则，是对人们行为的有形约束。风气习俗是人们历经岁月积累下来的行为习惯，在一定程度上指导着人类的群体行为。物质文化是人类共同生产和社会活动的物质结晶，是文化环境的载体，没有一定的物质文化作为支撑，社会难以形成核心价值观，社会规范难以发挥约束作用，进而影响人类的行为。

第二，家庭环境。任何人的成长都离不开家庭，可以说，家庭是个体生命的开始，是个体社会化的起点，是个体行为实践的重要场所。“家庭环境是指家庭的物质生活条件、社会地位、家庭成员之间的关系及家庭成员的语言、行为及感情的总和。”①在家庭中，成员间相互影响，尤其是年长者的行为对年幼者有着极其重要的示范作用。有研究表明，“长期不良的家庭环境是暴力攻击行为促进因素”②，儿童期暴力攻击行为与家庭环境密切相关③。由此可见，家庭环境对人的行为的影响是最初始、最深远的。

第三，学习和工作环境。学习环境例如宿舍学习氛围、班级学风、好友学习的努力程度等会直接影响学习者的学习行为，进而直接决定学习的效果和学习的动力。工作环境对劳动生产过程中的人的行为具有很大影响。工作中不论是“硬环境”还是“软环境”的变化，都可能影响人的情绪，刺激人的心理过程产生变化，从而引起行为变化。例如，很多公司会通过办公室的装潢设计间接地为员工营造一个轻松、舒适的工作环境。此外，工作中的“软环境”也是影响个体或团体行为表现的重要因素，如上级的支持、领导的人格魅力、与同事的友好关系等直接决定着工作行为的积极性；专业自主性、对工作的胜任度等直接决定着工

① 肖三蓉，徐光兴．家庭环境影响青少年人格特质的性别差异[J]．心理学探新，2009，29(02)：71.

② 陈道湧，姚玉华，俞爱青，等．家庭环境与社区青少年暴力攻击行为的关系及影响因素分析[J]．现代预防医学，2011，38(14)：2773.

③ 沈鉴清，吴惠娟，陈红卫．儿童攻击性行为与养育方式、家庭环境和自我意识的相关研究[J]．中国行为医学科学，2006，15(08)：744-745.

作的成就感、满意度以及离职意愿等。

第四，群体风气。群体是人存在的重要形式，它是指人们以一定的社会关系结合起来，在一定需要的基础上，通过共同活动而发生相互作用的集体。群体风气是群体在长期活动中逐渐形成的精神风貌和行为习惯，是由群体成员相互作用、约定俗成的一种非正式的、非强制性的行为标准[①]。群体风气一旦形成，就会潜移默化地对群体行为产生影响，古人云“近朱者赤，近墨者黑”，好的群体风气会在无形中对社会起到凝聚力量、规范和筛选行为的作用。

（二）网络行为及其主要类型

网络行为指的是人们在网络空间展开的行为活动，就这一概念本身而言，有狭义和广义两种理解。

狭义的网络行为指人们在网络空间展开的纯粹的行为活动，即操纵键盘和鼠标的活动，而不去探讨行为者的行为目的、行为内容或行为形式等因素。然而，这种意义上的网络行为缺少现实中人们各种行为的真实性，具有虚拟性特点，容易被忽略，甚至被当作“未发生过”。

广义的网络行为不仅包括狭义的网络行为，还包括与互联网密切相关，同时要借助互联网才能顺利展开的行为活动[②]。广义的网络行为是人们在网络空间展开的有目的的社会活动，它既是一种实践活动，又是一种认识活动。目前，网络已成为人们日常生活和行为活动不可缺少的平台，除强大的运算、存储、搜索等物理属性外，由于人类行为活动的介入，网络的人文属性和社会属性也不可避免地随之产生。可以说，网络行为是行为主体基于网络这一“新场域”而产生的具有现实社会属性的行为活动。

关于网络行为一直没有非常规范的分类，不同的学者根据不同的关

① 王杰.论群体风气在思想政治工作中的作用[J].唯实,2004(02):79.

② 李一.网络行为:一个网络社会学概念的简要分析[J].兰州大学学报(社会科学版),2006,34(05):49.

注点、不同的层次，对网络行为有不同的分类。从行为主体的角度，因主体数量、职业、性别、年龄等不同，可以进行不同类型的分类，如个体网络行为和群体网络行为、男性网络行为和女性网络行为等；从活动领域的角度，可以分为政治、经济、文化、军事等不同领域的网络行为；从行为的取向角度，可以分为工具性取向的网络行为和情感性取向的网络行为；从行为是否符合社会规范的角度，可以分为规范的网络行为和失范的网络行为；从行为是否合乎道德标准的角度，可以分为道德的网络行为和不道德的网络行为；从行为是否具有危害性的角度，可以分为有害的网络行为和无害的网络行为；等等。

本书探讨的行为主体是当代大学生，根据大学生的特点，大学生网上活动的目的、主要内容及其性质，把大学生网络行为分为网络沟通交往行为、网络论坛行为、网络游戏行为、网络信息浏览行为、网络购物行为以及手机上网行为等。

（三）网络行为失范及其主要类型

行为失范是指行为人在社会生活中所做出的行为偏离或违反道德准则和社会规范，并可能给他人或社会带来危害。基于对网络行为和行为失范的理解，可以将网络行为失范概括为：网络虚拟空间中一切违反社会规范和道德准则的非理性行为，以及违反法律法规的犯罪行为。网络行为失范与人们在现实生活中的行为失范并无本质差异，两者最大的区别就在于行为“场域”的虚拟性和真实性，网络行为失范是一种行为主体行为失范的特殊类型。

当前，大学生在互联网上的行为失范已成为较为普遍的网络现象，其不良影响日渐凸显。大学生网络行为失范大致可以分为目的型行为失范、价值型行为失范、情感型行为失范以及其他行为失范[①]。目的型行为失范主要表现为行为主体以获取个人或群体利益为目的，其活动与行

① 张景胜.大学生网络失范行为防范模式的构建——以约束理论为基础[J].教育理论与实践,2012,32(12):29.

为可能触犯法律法规，如具备一定计算机专业知识的大学生通过黑客技术或病毒来盗取他人信息或账号，以及网络诈骗等行为；价值型行为失范主要表现为行为主体参与低级趣味的网络活动，如参与淫秽文字、图片或视频的传播，以及非主流意识形态的传播；情感型行为失范主要表现为行为主体在网络中与他人发生情感并将网络情感延伸到现实生活中，如大学生网恋、与网友“一夜情”等；其他行为失范即以上三种类型之外的行为失范，如参与网络“人肉搜索”、偷拍并上传至网络等。

本书从大学生网络行为失范的具体表现出发，根据大学生在日常用网过程中可能出现的行为失范，将大学生网络行为失范概括为不良意识形态网络传播行为、不良信息网络扩散行为、黄色网络信息浏览行为、网络游戏沉迷行为、网络语言失范行为、网络知识产权侵权行为、网络违法犯罪行为等。

二、互联网对大学生影响的辩证考察

随着信息技术的快速发展，互联网已延伸到当今社会的各个领域。高校在互联网技术的发展过程中起到不可或缺的推动作用，已成为中国社会网络化发展的前沿阵地。大学生作为高校的主体，受互联网的影响最深。互联网给他们带来了一个崭新而又未知的生存空间，不仅开阔了他们的视野，还为他们的生活和学习带来极大的便利，但由此带来的一些问题也不能忽视。

（一）互联网对大学生的积极影响

第一，互联网共享了全球信息，有助于大学生学习并掌握各种知识和技能。作为第四媒体的互联网，与传统的报纸、广播、电视等大众媒体并存，却又与它们有着很大区别。互联网除具有传统媒体的基本功能之外，还有着信息量大、传播迅速及时、信息表现形式多、无时空界限、交流自由及个性化服务多等特点。大学生求知欲强，学习的自主性也很强，同时具备较强的信息搜索能力。可以说，很多大学生在学习和生活中遇到问题时，首先想到的就是求助于网络，大学生中非常流行的一句话是“有问题找度娘”，“度娘”指的就是网络搜索引擎“百度”。在笔者的调查中，关于“经常浏览的网站”的调查结果显示，62.5% 的大学生选择了“搜索引擎”。大学生可以通过网络搜索引擎或者一些应用型软件，找到自己想要的信息，随时查阅很多书本上找不到的信息和知识，快速解决问题，提高学习效率。大学生还可以通过网络收看、聆听全国其他高校乃至全世界一些专家学者的报告，用较少的时间和金钱拓宽自己的学习渠道，获取更多的知识。此外，他们还可以通过网络及时地了解国家政策和国际形势，更高效地掌握信息。

第二，互联网拓宽了大学生的活动范围，有助于新型交流方式和社会关系的建立。如前文所述，互联网的特点之一是自由交流。互联网及时、快速、跨时空的特性给大学生提供了一个比日常交际圈更大的交际范围，提供了一个较现实环境更加自由、平等和开阔的交流环境。网络交流与现实交流的环境不同，方式也不同，有助于大学生扩展交流圈，建立新型社会关系。大学生在网络上可以与不同地域、不同肤色、不同性别和不同年龄的人自由交流，在交流过程中可以各抒己见、侃侃而谈。网络交流可以充分削弱交流中的差别性，部分大学生甚至表现得比现实中更加自信和快乐。大学生通过QQ、微信、MSN、邮箱以及论坛等网络交流渠道与外界广泛交流，拉近了他们与社会的距离，也增加了他们进一步塑造自我的空间和机会。

第三，互联网开阔了大学生的视野，有助于推动其社会化进程。随着互联网技术的高速发展，中国社会网络化程度也在迅速提高。高校是中国社会网络化发展的前沿阵地。大学生求知欲强、接受并熟悉新鲜事物的速度快，网络向他们呈现的是一个无限大的神奇世界，极大地满足了他们的求知欲，开阔了他们的视野。网络直接而强有力地影响着青年学生的政治社会化方向、内容乃至进程①。网络知识更新迅捷，网络信息共享的特点开阔了大学生的视野，加速了他们对社会各方面信息的了解。同时，由于网络社会“时空聚缩”的现象日渐明显，加之通俗化、快速化、浓缩化的网络文化的传播，大学生对社会体认的历程也在相应缩短。可以说，网络化加速了社会发展，也加速了大学生社会化的进程。

第四，互联网提供了宽松的环境，有助于大学生主体意识和参与意识的强化。网络虚拟空间给大学生提供了一个自我实现、自我展示的舞台和接触社会、融入社会的途径。大学生群体是特殊的网民群体，他们不仅年轻有活力，还具备较高的知识层次和能力水平，他们主动获取信息的欲望强，容易接受网络化社会和各种网络活动的存在，且在网络虚拟社会中有着较高的活跃度。一些大学生积极参与网络活动，例如发起网络捐款、加入网络青年志愿者团队等，通过互联网宣传了大学生的良好形象，实现了自我价值，进一步肯定了自我。不可否定的是，这是大学生主动社会化的过程，与传统的被动说教、被动参与、被动接受有着显著区别。网络的宽松环境让大学生感觉自己是主人翁，可以“主宰”自己在网络中的一切活动和行为，主动承担社会责任、发挥聪明才智，有助于强化大学生的主体意识和参与意识。

（二）互联网对大学生的消极影响

互联网是一把双刃剑，在人类进步发展过程中发挥积极作用的同时，其负面影响也随之而来。互联网给大学生带来的积极影响毋庸置疑，但它给生理和心理均不成熟的大学生造成的消极影响也较为突出。

第一，西方意识形态有意渗透互联网，冲击着大学生的思想，影响他们的政治观念、道德观念和价值取向。正如杨军教授所说，互联网已成意识形态交锋的主战场，互联网作为西方意识形态传播的载体，被赋

① 张华勤.论计算机网络的社会化功能[J].北京理工大学学报(社会科学版),2000,2(03):51-53.

予了“扳倒中国”的重要功能[①]。西方敌对势力借助互联网，或明或暗地将他们的流行文化、意识形态和价值观传输给我国网民，甚至歪曲事实、否定中国社会制度，从而影响我国网民的思想和行为。当代大学生正处于努力求知，并通过各种途径化解自身思想困惑与现实状况之间矛盾冲突的阶段，对于道德观念和价值观仍处于形成阶段的他们来说，互联网上流传的与我们传统价值观和主流意识形态大相径庭的信息，无疑是一种负能量，极大地干扰和冲击了他们的思想。互联网中传播的西方社会文化、生活方式、交往方式、道德观念和价值观，被部分大学生有意无意地模仿、崇拜，价值取向模糊的大学生亟须社会主义核心价值观的教育和引导，使他们在全球化、“去中心化”的网络虚拟世界中不至于迷失自我，正确把握成长的方向，树立正确的价值观。

第二，网络“无中心”的特点及自由个性的凸显淡化了大学生的文明道德意识。互联网的开放性、虚拟性、匿名性容易助长网络不文明行为和不文明现象的滋生，一些人钻互联网的空子寻刺激求利益，导致互联网环境变得复杂。例如，网络黑客通过病毒盗取他人信息和账号；网络病毒通过网站链接、图片、视频等途径传播，严重威胁个人信息安全；网络虚假信息甚至诈骗信息的流传，威胁个人财产甚至人身安全；语言攻击、“人肉搜索”等网络行为侵犯他人的隐私，践踏他人的人格尊严。网络的开放性、虚拟性和匿名性特点利于大学生畅所欲言，充分展示自我，但也会导致一些大学生过于随心所欲，将网络当作释放心中压抑和不满的宣泄空间，甚至表现出与现实生活中完全不一样的自我。

笔者于2010年通过问卷调查发现，66.9%的大学生在网上聊天时“偶尔会说谎”，仅18.1%的大学生认为自己在网上聊天时“从不说谎”。对于“网上聊天时说谎、说脏话”这一现象，10.3%的大学生表示自己“有时也会说”，28.5%的大学生认为“这是正常现象”，16.6%的大学生对这一现象表示“无所谓”，认为“不道德”“十分反感”的大学生比例

① 杨军.互联网已成意识形态交锋的主战场[N].中国社会科学报，2014-04-18(A07).

分别是25.2%、19.4%。由此可见，不文明的网络环境在一定程度上弱化了大学生的道德意识。

第三，用网过度与不健康网络信息危害大学生的身心健康。大学生是网络成瘾、网络孤独症等心理疾病的易感人群，他们正值青春期，心理发育不成熟，自制力较差，容易出现心理和行为的偏差。一些大学生沉溺于虚拟世界无法自拔，被网络空间的生活方式所吸引，将网络世界当作真实世界，在网络信息、网络交往、网络交易尤其是网络游戏等方面投入更多的时间和精力。长期的身心疲惫、生物钟紊乱，会引起肾上腺素水平异常增高，交感神经过度兴奋，血压升高，植物神经紊乱，严重者可诱发心血管疾病、紧张性头痛症等疾病①，还会导致网络成瘾、网络依赖等心理疾病。从现实情况来看，逃课上网的大学生大有人在，甚至有学生连续多日在网吧通宵达旦，大学生因过度上网而猝死网吧的事件也曾多次发生。由此可见，用网过度是大学生身心健康的隐形“杀手”。

此外，黄色信息、暴力信息等不健康网络信息是影响大学生身心健康的又一因素。“网络黄毒”常存在于一些网站的“缝隙”和“角落”；暴力信息大多存在于网络视频或网络游戏之中。一些大学生认为可以在网络游戏中“厮杀打拼”“挥洒热血”和“打击报复”，而“乐在其中”。网络监管力度的不足导致网络垃圾信息屡禁不止，并通过各种途径传播，对判断能力有限和自制力不足的大学生产生巨大冲击；加之强烈的猎奇心理，更加促使一些大学生深陷其中。

总之，互联网对大学生的影响是双重的。互联网的出现是科技发展的标志，也是时代发展的必然产物。与时俱进走在科技前沿的大学生，无可厚非地享受着互联网带来的便利，却同时也受到互联网的消极影响。因此，我们应该直面互联网对大学生思想政治、道德素质和网络行为的影响，并加以认真研究，努力引导大学生形成健康的网络行为习惯。

---

① 韩丽丽.网络对大学生影响的调查与对策[J].高教论坛,2004(04):27.

三、网络虚拟社会中大学生的行为与道德

大学生网络行为是大学生在网络虚拟环境中社会行为的表现，行为主体仍然是大学生。但是网络虚拟社会中的大学生与现实中的大学生又存在差别，他们如同带着一张张隐形的面具，以与现实有差别甚至完全不同的形象生存于网络社会之中，在网上的行为表现与现实行为表现可能存在较大差异。

（一）道德与网络道德

1. 道德概念的界定

在中国古代的文献资料中，"道"和"德"多是分开作为两个概念来使用的。"道"最初指的是道路，后引申为事物运动和变化的规律及人类行为应当遵循的规则。"德"不仅指品德、德性，还指对"道"的认识、把握和获得。东汉刘熙认为"德者，得也，得事宜也"，"德"即"得"，处理好人与人之间的关系，使自己和他人都有所"得"即"德"[①]。"道"和"德"连用始于春秋战国时期。《管子・君臣下》："道德定于上，则百姓化于下矣。"这句话的意思是如果统治者能够以身作则，将道德作为国家第一件大事，那么百姓一定能够受到教化。荀子在《劝学》中也说到"故学至乎礼而止矣，夫是之谓道德之极"，意思是如果做任何事情都符合礼的标准，这就是道德的最高境界。古代对道德的理解包含了我们今天所说的道德的部分含义，却又与我们今天所说的道德之间存在较大的差异。

从近年来的文献资料来看，关于道德的定义是学者们一直以来争论的问题，概括起来主要有以下五种观点：一是"规范论"，认为道德是行为规范的总和或原则、规范体系；二是"德性论"，认为道德是指德

① 吴瑾菁.论"道德"——道德概念与定义思路[J].江西师范大学学报(哲学社会科学版),2011,44(01):40.

性品质；三是“主体论”，认为道德是与主体相关的观念、存在方式或实践活动等；四是“活动论”，认为道德是一种行为或活动；五是“综合论”，认为道德是规范、品质、心理和行为等的综合[①]。无论学界对“道德”如何界定，道德都是人们行为规范的总和，是其最为重要和基础的内涵。

综上所述，道德的定义应该包含以下四个方面的内容：首先，从意识层面来看，道德是一种社会意识，由社会经济关系所决定；其次，从思想层面来看，道德是存在于人们头脑中的有关人与自然、社会及他人之间社会关系的概念；再次，从行为层面来看，道德是人们行为的规范和准则，调整着人与自然、社会及他人之间的关系；最后，从价值层面来看，道德是人们接受行为规范之后并在具体行为中表现出来的德性。概括来说，道德是一种社会意识，存在于人们脑海之中，是调整人与自然、社会及他人之间关系的行为规范的总和，是人们在具体行为中表现出来的德性品质。

2. 网络道德及其特点

基于以上对道德概念的界定，笔者认为网络道德仍然是由现实社会经济关系所决定的一种意识形式，存在于特定的网络虚拟环境中，是人们活动和行为应遵循的规范和准则，是人们在网络行为中所表现出来的德性品质。网络道德是人们网上行为的准则，起着引导和规范人们网络行为的作用，“其特殊地表现为人们在虚拟空间中的精神追求和对世界的认知与评判”[②]。

网络构建了一个特殊的网络社会，其特殊性决定了网络道德除了具有现实社会道德的基本特点外，还具有其他特点。

一是开放性和普遍性。与现实社会道德相比，网络道德是在不受时

---

① 吴瑾菁.“道德”概念界定的学理争鸣[J].江西师范大学学报(哲学社会科学版)，2015,48(01):11-15.

② 王渊.基于科技伦理视角的大学生网络道德教育模式研究[D].武汉:中国地质大学,2013:18.

空限制的不同道德认知、道德情感和道德意向之间频繁的冲突和融合中建立发展起来的。网络是面向全球的、开放的虚拟空间，它把不同国家和地域使用互联网的人们联结起来，人们自觉走出传统的、狭小的现实生活圈子，与全世界的人进行即时的、不受时空限制的自由交流。在网络社会中，人们与整个世界发生联系，人们的关系网变得开放而多样，人们之间也会产生很多新的道德关系，进而形成与现实社会道德不同的、具有开放性的道德规范。可以说，网络道德的这一特点包含两层意思：第一，网络道德面向的对象是开放的、普遍的，而中华民族传统道德面向的则是现实中的本国大众。第二，网络道德涉及的区域或范围是开放的、普遍的。网络以其开放性呈现给全球网民的是一个不同的文化背景、宗教信仰、价值观念、风俗习惯和生活方式等并存，落后道德观念与先进道德观念并存的虚拟生存空间，人们的道德认知、道德情感和道德意向之间不断产生冲突。人类社会的发展由封闭走向开放，网络社会的开放性更加决定了网络道德顺应这一趋势的必然性，其开放性和普遍性特点则是社会和科技发展的必然趋势，是人们道德选择的必然结果。

二是自主性和自律性。在现实社会中，人们要处理的是各种面对面的社会关系，人们的行为自然受到各种规则的约束。现实社会中人们的道德行为不可避免地受到现实环境、传统观念和社会舆论的影响，有时并非自愿而为之。可以说，现实社会中人的道德表现出更多的被动性和他律性。但是，在互联网中，人们是相对更自由的，身体是不在场的，行为是匿名的，网络社会是一个人们自主建立起来的虚拟社会。在这一虚拟社会中，人们拥有更多的自主权，可以自主地建构自己的网络关系网，自主地选择网络信息、参与网络活动，自觉地作为网络社会的主人而活跃于网络之中。人们的行为由现实被动走向网络主动。与之相适应，在网络社会中必将建立起一种新的自主性道德。例如，人们在网络游戏过程中，自由组队，为了维持游戏秩序、取得游戏胜利，自发制定游戏规则，并自觉遵守。在网络社会中，人们的自由度大，其活动和行为很少受到控制、干预和监视，现实社会道德标准很难对其加以约束和干预，人们自己对自己负责，自己约束自己，对网络社会规范和准则的遵守更多地出于道德自律。“道德的基础是人类精神的自律”①，网络道德存在的基础则是网络道德的自律性。

三是多元性和发展性。在现实社会中，人们的姓名、性别、年龄、职业等个人信息在其生活圈中是公开且不能更改的，人们的身份是确定的，其应遵守的道德准则也是明确的。而且现实社会只存在一种主流价值观，现实社会中的道德是一元的。在网络社会中，人们的身份可能是多重的，可能是女性也可能是男性，可能是青年人也可能是老年人，人们可以随性地扮演着不同的社会角色，网络社会对此没有明确的规定和限制。人们在网络社会中的利益诉求各不相同，道德评价标准也不一致。以玩网络游戏为例，有人为了打发时间，有人为了提升技能，有人为了获取先进装备，有人为了寻求刺激和成就感，不同的利益诉求导致人们对输赢的态度不同，人与人之间的关系也变得多元化。“网络社会中的道德因冲突与融合的频繁发生，而必然显示出多元化、多层性。”②另外，网络道德作为一种社会意识，以现实社会道德为基础，不仅蕴含现实社会道德的一般原则，还要不断发展以满足技术发展的要求及适应网络社会的发展，更要内化为网络行为主体内在的判断标准和行为准则，以维持网络社会的健康和可持续发展。

（二）大学生网络行为与现实社会道德的关系

大学生网络行为与现实社会道德之间联系紧密且相互影响，主要表现为三点：一是现实社会道德影响大学生的网络行为，二是大学生网络行为是其现实社会已有道德的反映，三是大学生网络行为对其道德的形成和发展具有反作用。

---

① 马克思，恩格斯．马克思恩格斯全集：第一卷[M]．北京：人民出版社，1995：119．

② 王健敏．道德学习论[M]．杭州：浙江教育出版社，2002：306．

1. 现实社会道德影响大学生的网络行为

网络空间具有虚拟性特点，但大学生在网络空间的行为仍然具有一定的社会属性，是社会实践活动的一部分，其本质上仍是社会行为。大学生网络行为的发生立足于现实社会道德的基础之上，现实社会已有的道德调整、规范着大学生的思想及他们在网上的言论和活动，大学生的网络行为不可能完全脱离现实社会已有道德的制约。“积极的网络道德态度在网络世界中体现在互联网用户对网上社会规则所蕴涵的道德规范或倡导精神的认可。”①以网上聊天时说谎、说脏话为例，笔者2010年的调查显示，在711名大学生中，有10.3%的大学生表示他们“有时也会说”，28.5%的大学生认为“这是正常现象”，16.6%的大学生对这一现象表示“无所谓”，19.4%的大学生表示“十分反感”，25.2%的大学生认为这一现象“不道德”。虽然不能断定网络聊天时说谎、说脏话的个体在现实中是否也会如此，但是笔者通过访谈了解到，认为这一现象“不道德”的大学生个体明确表示，他们在现实生活中不愿意对他人说谎或说脏话。这表明网络行为受现实社会已有道德的影响。也就是说，如果个体的现实道德使得他们认可并愿意接受网络社会的规则和要求，那么他们出现网络行为失范的可能性就比较小，反之，较差的道德品质则会直接导致网络行为失范的出现。

2. 大学生网络行为是其现实社会已有道德的反映

大学生网络行为受其现实道德的影响，同时也反映着其现实道德的状况。行为折射出道德水平，例如，大学生积极参与网络捐款和志愿活动，反映了他们的爱心；大学生持续关注社会热点问题的讨论，反映了他们的责任心；大学生在网络交往中以诚待人，反映了他们的诚信；等等。反之，也有一些大学生在网络世界中表现出与现实生活中完全不同的自我，网络如同催化剂一般，把他们在现实生活中隐藏的“恶”完全暴露出来，例如一些大学生参与偷盗他人账号、散布网络病毒、网上诈

① 马晓辉，雷雳. 青少年网络道德与其网络偏差行为的关系[J]. 心理学报，2010，42(10)：989.

骗等活动，有些不良行为甚至会延伸到现实生活中直至发展为犯罪，这深刻反映了他们现实道德中被隐藏的问题。一些大学生在现实中也许会表现出具有一定的道德观念，但在网络社会中行为缺少他律的情况下，如果其行为发生失范则直接反映了他们道德意识的淡化。

3. 大学生网络行为对其道德的形成和发展具有反作用

从现实道德与行为失范的关系看，网络行为失范的发生与大学生个体的道德认知、道德情感和道德意向之间有着密切的关系。当大学生无法从现实生活或以往的经验中得到在网上发表言论或开展活动的理由时，他们的道德观将无法引领他们的行为，道德冲突有可能会发生。可以这么认为，大学生的现实道德水平越高，出现网络行为失范的可能性则越小。但是，在网络社会中没有人与人之间面对面的直接接触，现实生活中的规范、准则对人的约束与网上的规范、准则对人的约束也存在一定的差异，以及大学生可能在网络社会中结交了行为失范的群体或个体等因素，都在潜移默化地影响大学生的网络行为。一些行为在现实中不会出现，但是在文化观念和价值准则不完全相同的网络社会则极具表露的可能性。当大学生的网络失范行为给他们带来愉快的情绪体验时，他们的这种行为就会得到强化，并不断地重复出现，甚至可能延伸到现实社会中。例如，一些大学生在网络游戏过程中采取暴力的方式打击游戏对手，以体现其在游戏团队中的价值并获得胜利的快感。久而久之，大学生的现实行为也会受到影响。一些大学生经常性的网络行为失范不可避免地会“折射”到其现实行为中，其现实行为会以“蛰伏”的方式等待发生的时机，现实行为失范的发生则又会直接影响其思想和道德观念发生变化。

四、大学生网络行为与教育引导调查问卷的设计与实施

为掌握大学生网络行为及其教育引导的现状，笔者设计了针对大学生、高校教育工作者及大学生家长的调查问卷，通过问卷调查展开研

究。只有直接面向大学生、高校教育工作者和家长进行调查，并对第一手数据进行分析，才能确立本书研究的起点，也才能确保论证的扎实可靠。

（一）调查问卷的编制

为全面了解大学生网络行为及其教育引导的现状，笔者除针对大学生设计调查问卷外，还设计了针对高校教育工作者和大学生家长的调查问卷，调查问卷针对不同调查样本在内容设计上有所不同。

1. 调查问卷的设计

（1）大学生网络行为现状的调查。基于多年的学生工作经验和学界已有研究成果，通过与大学生的密切接触和深度访谈，笔者形成了对大学生典型的网络行为及其基本现状的宏观了解。大学生网络行为现状的调查以大学生在网络空间从事的主要活动为依据，以大学生为调查对象，除基本信息外，对大学生使用网络的基本情况、网络沟通交往行为、网络论坛行为、网络游戏行为、网络信息浏览行为、网络购物行为、手机上网行为等进行全面系统的问卷调查。

关于大学生使用网络基本情况的调查。要深入了解大学生的网络行为现状，必然要先了解大学生目前的基本用网情况，主要包括：大学生从何时开始接触网络、平均每次上网时间、上网的主要地点、上网的方式、上网的费用来源、上网主要做什么、手机上网的基本情况、是否遵守网络道德及是否能离开网络等。

关于大学生网络沟通交往行为的调查。随着互联网的普及和各种网络交往平台、软件的开发，网络为大学生人际交往提供了新的手段和更广阔的空间，大学生可以通过网络更便捷地进行信息传递和交流。在网络上，大学生可以将自己想要表达的思想、观点通过文字或图像反映出来，这种数字化的交往方式、虚拟的交往空间以及身体不在场等特点，给予大学生网络交往极大的自由和开放性。在网络空间的交往与现实中的交往可能存在很大的区别，对大学生的交往对象、网上交流的话题、网上交流的真诚度和真实性、网恋、个人主页等进行问卷调查，有利于全面了解大学生网络行为的基本现状及存在的主要问题。

关于大学生网络论坛行为的调查。网络论坛是一个匿名虚拟、平等自由、去中心化、不受时空限制的多元舆论空间，是对传统交流方式的极大改变，是一个开放、集中的网络社交空间，参与其中的人形形色色、身份各异。论坛中的言论也因此呈现出分散化、自由化、多元化及情绪化的特点。思维活跃、勇于接受新鲜事物的大学生活跃于各大论坛，而一些论坛中夹杂的具有攻击性或鼓吹西方价值观的言论，对大学生的思想观念、道德意识、价值取向、身心健康及个体行为等各个方面造成不良影响，给大学生思想政治教育工作带来一系列新的挑战。对大学生网络论坛行为的调查主要包括大学生对论坛实名制的观点和对当下热点问题的态度，如“人肉搜索”、语言暴力、网络用语等。

关于大学生网络游戏行为的调查。随着网络的普及和网络游戏的不断更新，玩网络游戏已成为大学生休闲娱乐、自我放松、自我展示的主要形式之一。在网络游戏中，大学生可以通过游戏中的角色来表达自己的喜怒哀乐，通过网络游戏过程发泄情绪、缓解压力，有的大学生甚至认为网络游戏是重新塑造自我、实现自我的一个重要途径和方式。然而，网络游戏所带来的如行为暴力、游戏成瘾、行为退缩、社会不适应等问题不容忽视。对大学生网络游戏行为的调查主要包括：经常玩的游戏类型、玩游戏的时间、玩游戏的原因、对待游戏的态度、网络游戏带来的利弊等。

关于大学生网络信息浏览行为的调查。网络信息资源随着信息技术的发展急剧膨胀，呈现出内容丰富、搜索便利、传递及时、更新迅速等特点，为大学生提供了新的信息获取途径，开辟了更加广阔的知识空间。然而，网络信息资源的庞杂混乱、良莠共存和真伪难辨，又导致大学生在面对信息爆炸时表现得难以选择和应对无措，且不利于大学生思维习惯的养成。除此之外，网络中的不良信息，如黄色信息、暴力信息、封建迷信信息等，会严重危害大学生的身心健康。笔者重点对大学生受黄色信息、暴力信息等网络不良信息的影响情况展开了调查。

关于大学生网络购物行为的调查。大学生是朝气蓬勃、易于接受新鲜事物、有着强烈猎奇心理的青年网民群体，他们对信息搜索、网络游戏、音乐视频、在线购物等网络服务项目有着很强的使用能力，可以通过网络购买到自己所需的服装、书籍、电子产品等，他们非常享受信息发展所带来的便利。可以说，大学生群体是当下互联网行业最为关注的消费群体[①]。对大学生网络购物行为的调查主要包括：是否网购、选择网购的原因、网购的花销、网购时最关注的问题等。

关于大学生手机上网行为的调查。手机被称为“第五代媒体”，有着携带方便、功能齐全、时尚等特点，手机上网内容丰富、获取及时、传播迅速，倍受大学生的青睐。手机在给大学生对外联系、获取即时信息带来便利的同时，也对大学生产生了一系列的不良影响。例如，手机容易刺激大学生的攀比心理，对高校正常教学秩序产生一定冲击，对大学生个性和心理发展产生影响等[②]。随着对手机功能了解的深入，一些大学生逐渐对手机产生依赖，经常低头摆弄手机的他们被形象地称为“低头族”和“屏奴”。有学者指出，一些大学生对手机过分依赖，成了手机的“奴隶”，甚至越来越多的青年学生开始被手机成瘾所困扰[③]。对大学生手机上网行为的调查主要包括：手机上网的基本情况、手机上网的时间和内容、上课使用手机情况、手机上网的影响等。

（2）大学生网络行为教育引导现状的调查。随着互联网技术的发展和普及，大学生对网络的广泛使用是不可避免的，网络的便利、快捷和时尚吸引着大学生。大学生在使用网络的过程中出现的种种问题是不容忽视的，但是不能因为问题的出现而对其全盘否定，应该积极探索教育引导的路径。大学生网络行为的教育引导不是仅仅凭借学校教育即可解

① 黄飞.大学生网络消费偏好识别及影响因素研究[D].长沙：中南大学，2013：1.

② 楼锡锦，沈黎勇，林博峰.大学生使用手机状况研究报告——以浙江大学宁波理工学院为例[J].中国青年研究，2009(02)：75-76.

③ 周喜华.大学生手机成瘾的探究[J].教育与教学研究，2010，24(4)：16.

决的，还要家庭的配合和社会的支持，更要靠大学生主体的积极参与。

首先是对大学生的调查。网络行为教育引导的对象是大学生，笔者以教育引导在大学生身上产生的实际效果和大学生的真实感受为内容展开了调查。调查的主要内容有：一是大学生认为最有效的教育引导方式，在社会、学校和家长采取的预防大学生网络行为失范的举措中哪些是真正有效的，应该由大学生主体来确认；二是高校及高校教育工作者开展教育引导的情况，包括采取的具体措施，参与大学生网上活动的情况等；三是大学生家长参与引导大学生网络道德行为养成的情况，包括家长是否积极参与、家长采取的举措等。

其次是对高校教育工作者的调查。大学生在校期间的用网时间和用网机会相对较多，同学之间的影响也很突出。因此，在大学生网络行为教育引导的过程中，高校教育工作者应发挥主导作用，除依据学校规章制度外，还应积极采取符合大学生身心特点、针对具体问题的措施。对高校教育工作者的调查内容主要包括：一是高校教育工作者的用网情况，了解他们能否掌握现代的教育管理技术；二是高校教育工作者在网上与大学生交流的情况，了解他们能否融入大学生的网络世界；三是高校教育工作者对一些社会热点问题的态度，了解他们的思想观念和价值取向；四是高校教育工作者对一些具体的网络行为失范现象所采取的措施，了解他们教育引导大学生网络行为的现实状况。

最后是对大学生家长的调查。除去在校时间，大学生的假期大部分是在家中度过的，假期的放松状态最易导致他们沉迷于网络世界，部分无所事事的大学生通常选择上网来打发假期时间。笔者根据多年学生工作得出经验，低年级学生接触网络的程度较高年级学生浅，但是随着年级的增长或者在家度过一个较长假期之后，沉迷于上网的大学生和携带电脑回校的大学生会明显增多。可以说，假期闲暇在家给大学生上网提供了更多的时间和更好的空间。大学生家长的网络行为习惯、对孩子在家上网的干预程度及其对孩子上网所持的态度，将直接影响大学生网络行为习惯的养成。因此，对大学生家长的调查是完全必要的。除了对高校教育引导工作了解情况的调查外，大学生家长问卷调查的内容与高校教育工作者的基本一致。

2. 调查问卷的框架

笔者在导师、相关专业教师及研究生同学的帮助下完成了调查问卷的初稿。在调查问卷编制的过程中，通过与大学生专职辅导员的交流并在他们的协助下，笔者完成了对大学生的访谈，了解到当前大学生在使用网络方面存在的具体问题，以及他们真实的用网情况、上网的主要内容及其对高校开展网络行为教育引导工作的了解情况。在导师的精心指导下，笔者进一步明确了问卷调查的目的、任务和主要内容，并拟定初步框架。

在调查问卷的设计过程中，笔者参考了如下文献资料：王贤卿的博士学位论文《网络传播环境下的道德建设——大学生网络行为的道德研究》(2005年)、李超民的博士学位论文《大学生网瘾成因及预防方法体系研究》(2012年)、王渊的博士学位论文《基于科技伦理视角的大学生网络道德教育模式研究》(2013年)、黄飞的博士学位论文《大学生网络消费偏好识别及影响因素研究》(2013年)等，以及笔者2010年所做的调查问卷。另外，还参考了全球最大的免费问卷调查平台“问卷星”网站中部分有关网络行为的问卷调查表。

调查问卷初稿形成后，笔者首先邀请研究生同学对调查问卷的语义表述进行阅读分析，找出表述不确切、可能产生歧义的题项，并进行修正。然后分别请心理学、统计学和社会学等专业的教师从各自专业的角度，对调查问卷进行分析和论证，使得调查问卷的设计更加合理、选项区间的设置更加科学。

大学生问卷共有102题，分为四个部分（详见本书附录1）。第一部分是被调查者的基本信息，包括性别、专业、年级、生源地、是否独生子女、家庭经济情况、父母的最高学历等；第二部分调查大学生使用网络的基本情况，包括接触网络的时间、拥有电脑的情况、平均每次上网时间、主要的上网地点、上网方式、上网内容、遵守网络道德情况，以及手机上网的基本情况等；第三部分调查大学生网络行为的现状，主要调查了六种网络行为，分别是网络沟通交往行为、网络论坛行为、网络游戏行为、网络信息浏览行为、网络购物行为、手机上网行为等；第四部分调查当前大学生网络行为教育引导的现状，分别从社会、学校和家庭三个维度来展开调查，调查社会采取的措施、学校网络行为教育引导现状和采取的具体措施、父母参与网络行为教育引导等情况。

高校教育工作者问卷共有37题（详见本书附录2）。主要调查高校教育工作者的基本信息、高校教育工作者的用网情况、高校教育工作者与学生在网上交流的情况、高校教育工作者对网络热点问题的观点、高校教育工作者对大学生网络行为失范的了解情况、高校教育工作者参与大学生网络行为教育引导的情况等内容。

大学生家长问卷共有35题（详见本书附录3）。主要调查家长的基本信息、家长的用网情况、家长与孩子在网上交流的情况、家长对网络热点问题的观点、家长对网络行为失范危害的了解情况、家长对学校教育引导情况的了解程度、家长对孩子用网情况的了解程度、家长参与孩子网络行为教育引导的情况等内容。

（二）问卷调查的实施

本次问卷调查抽取了北京体育大学、北京工业大学、上海交通大学、华东师范大学、南京财经大学、江南大学、陕西师范大学、海南师范大学、广西师范大学、山东理工大学、潍坊学院、东北林业大学、安徽师范大学、安徽医科大学、安徽理工大学、淮南师范学院、皖南医学院、合肥师范学院、巢湖学院、安徽大学江淮学院、芜湖职业技术学院、安徽商贸职业技术学院等22所学校，问卷调查的实施得到相关学校领导、老师、大学生及大学生家长的大力支持。

1. 调查样本的人口特征

（1）大学生样本的人口特征。此次调查主要采用立意抽样的方法，适当考虑受访者的学校、地域、性别、年级、专业等因素，调查的学校分布在东部、中部或西部；学校的层次既有985、211等国家重点高校，也有省属高校及专科院校；受访者的专业包含了文科、理科、工科、艺体类、医学类及其他。大学生样本人口特征如表1-1所示。

表1-1　大学生样本的人口特征

变量	选项	频数/人	频率
高校类型	重点本科院校	952	55.7%
	一般本科院校	649	38.0%
	专科院校	107	6.3%
性别	男	694	40.6%
	女	1014	59.4%
专业	文科	535	31.3%
	理科	631	36.9%
	工科	278	16.3%
	艺体类	159	9.3%
	医学类	80	4.7%
	其他	25	1.5%
年级	一年级	606	35.5%
	二年级	452	26.5%
	三年级	385	22.5%
	四年级	262	15.3%
	五年级	3	0.2%
出生地	乡镇	1018	59.6%
	县城(区)	321	18.8%
	城市	369	21.6%
是否独生子女	是	645	37.8%
	否	1063	62.2%
是否家庭经济困难生	不是	731	42.8%
	是，一般困难	627	36.7%
	是，困难	224	13.1%
	是，特别困难	126	7.4%

（2）高校教育工作者样本的人口特征。在调查大学生的同时，笔者对其所在学校的党政干部、共青团干部、辅导员、班主任、专业课教师等有可能参与到大学生网络行为教育引导过程中的高校教育工作者也进行了问卷调查。高校教育工作者样本与大学生样本的学校分布基本一致，涵盖了安徽省内和省外的不同层次高校。高校教育工作者的出生年代分布为20世纪50年代到90年代，职称从初级到高级。高校教育工作者样本的人口特征如表1–2所示。

表1–2　高校教育工作者样本的人口特征

变量	选项	频数/人	频率
高校类型	重点本科院校	73	57.9%
	一般本科院校	44	34.9%
	专科院校	9	7.2%
性别	男	60	47.6%
	女	66	52.4%
身份	党政干部	11	8.7%
	共青团干部	3	2.4%
	辅导员	60	47.6%
	班主任	7	5.6%
	专业课教师	35	27.8%
	其他	10	7.9%
出生的年代	50年代	2	1.6%
	60年代	5	4.0%
	70年代	23	18.2%
	80年代	85	67.5%
	90年代	11	8.7%
职称级别	正高	3	2.4%
	副高	13	10.3%
	中级	52	41.3%
	中级以下	58	46.0%

（3）大学生家长样本的人口特征。由于大学生多数是住校生，对大学生家长的调查相对较难，因此调查的是学校所在地的大学生家长，主

要通过被调查学校的辅导员或老师让学校所在地的大学生将问卷带回家让其家长填写后回收的方式展开调查。因此，问卷发放量较小，仅回收有效问卷46份。大学生家长样本的人口特征如表1–3所示。

表1–3　大学生家长样本的人口特征

变量	选项	频数/人	频率
性别	男	20	43.5%
	女	26	56.5%
出生的年代	50年代	2	4.3%
	60年代	23	50.0%
	70年代	21	45.7%
孩子所读年级	一年级	13	28.3%
	二年级	6	13.0%
	三年级	25	54.3%
	四年级	1	2.2%
	五年级	1	2.2%

2. 问卷发放与回收情况

一部分大学生家长问卷由大学生利用春节假期带回家完成。因为涉及多个省市20余所学校，问卷调查的时间跨度较大，大学生和高校教育工作者问卷调查的实施历时近3个月。

（1）大学生问卷的发放与回收情况。大学生问卷调查主要通过分管学生工作的院系领导、辅导员或专业课教师召集大学生利用班会或者课堂时间，采取纸笔测试的方式完成。在调查过程中，要求调查者当场向受访者宣读答题要求，给受访者足够的答题时间，填完后再统一收回，较好地保证了答题的质量以及调查的真实性、可靠性和有效性。此次调查，共发放大学生问卷1785份，收回有效问卷1708份，回收率达95.7%，高回收率为研究的顺利开展提供了根本保证。大学生问卷的发放与回收情况如表1–4所示。

表 1–4　大学生问卷的发放与回收情况

城市	学校	发放问卷数/份	回收有效问卷数/份	回收率
北京	北京工业大学	50	50	100%
	北京体育大学	50	50	100%
上海	华东师范大学	50	50	100%
	上海交通大学	90	86	95.6%
无锡	江南大学	45	39	86.7%
南京	南京财经大学	45	43	95.6%
海口	海南师范大学	50	48	96.0%
淄博	山东理工大学	90	82	91.1%
潍坊	潍坊学院	50	50	100%
哈尔滨	东北林业大学	100	100	100%
桂林	广西师范大学	50	50	100%
西安	陕西师范大学	45	37	82.2%
合肥	安徽医科大学	50	44	88.0%
	合肥师范学院	95	89	93.7%
	安徽大学江淮学院	100	96	96.0%
淮南	淮南师范学院	200	191	95.5%
	安徽理工大学	70	70	100%
巢湖	巢湖学院	100	90	90.0%
芜湖	安徽师范大学	210	203	96.7%
	皖南医学院	135	133	98.5%
	芜湖职业技术学院	60	57	95.0%
	安徽商贸职业技术学院	50	50	100%
合计		1785	1708	95.7%

（2）高校教育工作者问卷的发放与回收情况。高校教育工作者问卷的调查方式与大学生问卷基本相同，在被调查学校发放大学生问卷的同时也发放高校教育工作者问卷。需要特别说明的是，外地学校的高校教育工作者问卷以邮寄方式送达，回收数与邮寄数基本一致，但是回收卷中有空白卷，经确认此类问卷属于未发放问卷，故此类问卷不计入发放问卷总数之中。高校教育工作者问卷的发放与回收情况如表1–5所示。

表1–5　高校教育工作者问卷的发放与回收情况

城市	学校	发放问卷数/份	回收有效问卷数/份	回收率
北京	北京工业大学	5	5	100%
	北京体育大学	5	4	80.0%
上海	华东师范大学	5	5	100%
	上海交通大学	5	3	60.0%
无锡	江南大学	5	5	100%
南京	南京财经大学	5	5	100%
海口	海南师范大学	5	4	80.0%
淄博	山东理工大学	10	10	100%
潍坊	潍坊学院	5	5	100%
哈尔滨	东北林业大学	10	9	90.0%
桂林	广西师范大学	5	5	100%
西安	陕西师范大学	5	5	100%
合肥	安徽医科大学	5	5	100%
	合肥师范学院	10	10	100%
	安徽大学江淮学院	8	6	75.0%
淮南	淮南师范学院	5	5	100%
	安徽理工大学	5	5	100%
巢湖	巢湖学院	10	8	80.0%
芜湖	安徽师范大学	8	8	100%
	皖南医学院	5	5	100%
	芜湖职业技术学院	5	4	80.0%
	安徽商贸职业技术学院	5	5	100%
合计		136	126	92.6%

（3）大学生家长问卷的发放与回收情况。大学生家长问卷的发放相对于大学生和高校教育工作者问卷较难，因为大学生家长分布在全国各地，难以集中展开调查，主要依靠大学生带回家实施，实施的现场难以掌控，而且家长的理解水平存在较大差异。因此，大学生家长问卷仅作研究参考，不作结论形成的重要依据。大学生家长问卷的发放与回收情况如表1–6所示。

表 1-6 大学生家长问卷的发放与回收情况

城市	孩子所在学校	发放问卷数/份	回收有效问卷数/份	回收率
北京	北京工业大学	2	2	100%
上海	华东师范大学	3	2	66.7%
无锡	江南大学	2	2	100%
南京	南京财经大学	3	3	100%
海口	海南师范大学	2	2	100%
淄博	山东理工大学	4	3	75.0%
哈尔滨	东北林业大学	3	2	66.7%
合肥	安徽医科大学	2	2	100%
	合肥师范学院	2	1	50.0%
	安徽大学江淮学院	3	3	100%
淮南	淮南师范学院	3	2	66.7%
	安徽理工大学	3	2	66.7%
巢湖	巢湖学院	5	4	80.0%
芜湖	安徽师范大学	15	11	73.3%
	皖南医学院	5	3	60.0%
	芜湖职业技术学院	3	2	66.7%
合计		60	46	76.7%

3. 数据处理与定量分析

发放的问卷全部收回后，笔者首先对每份问卷进行检查筛选，对于问卷中有答题不认真（所有问题均选择同一选项）、答题前后矛盾或者答题不全（超过10题未作答）等情况的，予以剔除，以废卷处理。随后，对筛选后的有效问卷以受访者所在学校为单位进行编号。编号完成后，再对题目中的各变量进行编码，在具体题项中将答题情况按顺序录入Excel表格之中，受访者选择选项①则录入1，选择选项②则录入2，以此类推。最后，通过SPSS 17.0统计软件对所得调查数据进行分析，运用的统计分析方法主要包括：描述统计、信效度分析、独立样本*t*检验、单因素方差分析等。

第二章　大学生网络行为的现状分析、主要特点与基本趋势

一、大学生网络行为的现状分析

根据大学生的特点及其网上活动的主要内容，结合问卷调查结果，本书主要对网络沟通交往行为、网络论坛行为、网络游戏行为、网络信息浏览行为、网络购物行为、手机上网行为等六种典型的大学生网络行为现状进行分析。

（一）大学生使用网络的基本情况

掌握大学生目前使用网络的基本情况是分析大学生网络行为现状的前提，大学生使用网络的基本情况包括上网时间、上网地点、上网方式、上网目的和上网费用来源等。

1. 上网的时间分布

第一，绝大多数大学生在上大学之前已有上网经历，且超过半数的大学生拥有自己的电脑。接受调查的1708名大学生全部都有用网经历，其中96.3%的大学生在上大学之前就开始接触网络，仅有3.7%的大学生是在上大学之后才开始接触网络；有75.9%的大学生拥有自己的电脑，但家庭经济困难的大学生拥有电脑的比例相对较低；每次上网时间控制在“1小时以内”或者“1～2小时”的大学生比例分别是15.9%、45.8%，每次上网时间为“3～4小时”“5～6小时”“6小时以上”的大学生比例依次是27.5%、5.5%、5.3%（见图2-1和图2-2）。

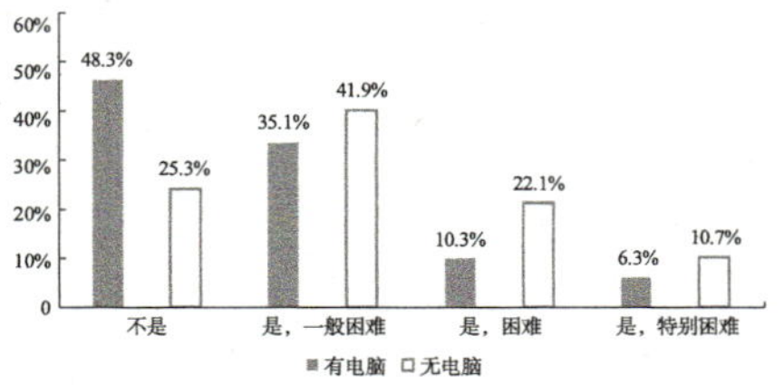

图2-1 是否有电脑
（按家庭经济是否困难比较）

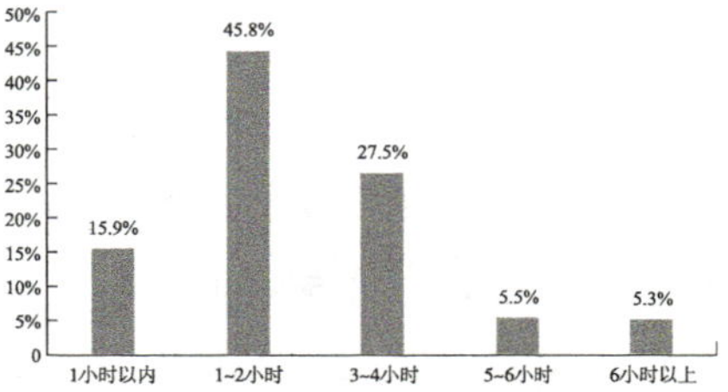

图2-2 平均每次上网的时间

第二，上大学之后的用网时间较以前明显增多。读大学之后，学习的自主性明显增强，大学生自由支配的时间也较高中时期骤然增加，他们使用网络的时间和机会明显增多，79.0%的大学生表示“读大学之后的上网时间较以前”“增加了”。另外，多数大学生拥有自己的电脑也给他们用网带来更大的便利，他们可以根据自己的实际需要和时间安排自由地上网。

第三，手机为大学生上网提供便利，增加了大学生上网的时间。手机上网是一种新的上网途径，具有时尚、即时、方便等优点，受到大学生的热烈追捧。手机在大学生中已基本普及，大学生是我国手机网民的重要组成部分。调查发现，96.3%的大学生会使用手机上网，仅3.7%的大学生没有手机上网的经历；手机“时刻联网”的大学生的比例是24.6%，手机联网在“3个小时以上”的大学生的比例是29.9%。

2. 上网地点和方式

第一，随着高校网络的全覆盖和大学生个人拥有电脑数量的增多，宿舍成为大学生上网的首选地点。大学生更加注重上网环境的舒适、稳定和安全。调查显示，73.7%的大学生将“寝室”作为上网的首选地点，这一比例较笔者2010年调查的40.7%明显增多，这与大学生宿舍网络的覆盖以及大学生个人拥有电脑数量的增加有较大关系，上网地点选择“家里”“校外网吧”“校园机房”和“其他”的大学生的比例分别是12.7%、4.8%、7.3%和1.5%。另外，当下很多经营性网络场所不再是以往的几台电脑、几张桌子和几把椅子，而是以网咖、会所、茶餐厅等形式满足对上网环境舒适度有要求的网民大众（包括部分大学生）。

第二，近半数大学生在移动中上网，移动终端作为新型上网方式越来越受大学生的青睐。关于“上网方式”的调查显示，51.3%的大学生选择“电脑（台式或笔记本）”，47.2%的大学生选择“移动终端（平板电脑或手机）”，1.5%的大学生选择“其他”。关于“能否接受三天不带且不使用手机”的调查显示，明确表示能接受的大学生仅占28.5%（“能”和“非常能”之和），表示“非常不能”“不能”或“不确定”的大学生的比例依次是16.5%、33.3%、21.7%。方便、快捷、即时的移动上网终端越来越受到追求时尚的大学生的青睐。

3. 上网目的和费用

第一，大学生的上网目的呈多样化发展，但仍以休闲娱乐为主。与现实社会相比，网络社会包含了更多的内容，这些内容只要通过简单的点击鼠标、敲打键盘即可呈现于使用者面前。网络世界吸引着包括大学生在内的众多网民，网络就像一个取之不尽、用之不竭的神秘世界等待人们去发现和挖掘。调查发现，以“聊天”为上网目的的大学生比例最高，占26.2%，其次是“收看/听或下载电影和音乐”和“查找学习资料”，比例分别是18.5%、15.1%。很多大学生每天总是习惯性地打开电脑，然后坐到电脑面前，至于上网做什么，他们在上网前却没有认真思考。大学生使用手机上网的目的排在第一位的也是“聊天”，占比30.7%，其次是“浏览新闻”和“查找学习资料”，比例分别是18.1%、13.6%（见图2-3和图2-4）。可见，相当多的大学生没有充分地利用网络平台进行学习和充实自我，而是更多地将网络作为休闲娱乐的工具，对网络的认识与使用停留在娱乐性层面。

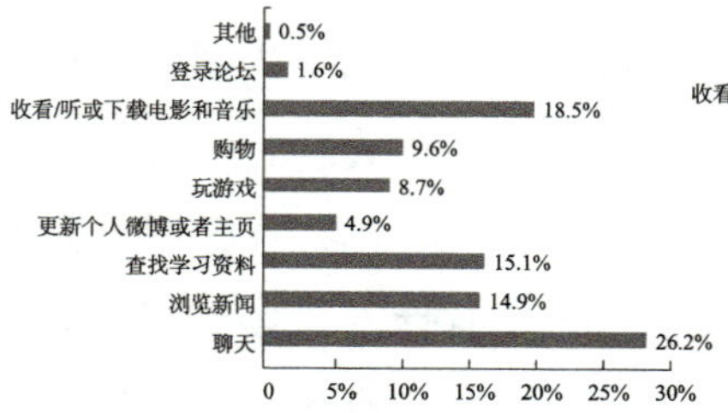

图2-3　大学生使用电脑终端上网的目的

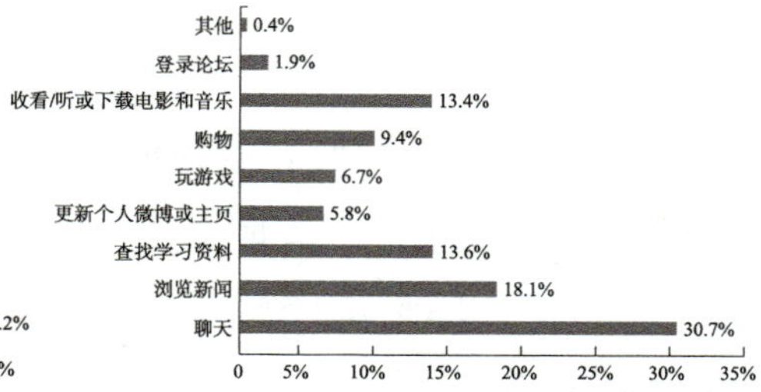

图2-4　大学生使用手机上网的目的

第二，对于没有经济收入的大学生来说，网络使用费主要来源于家庭支持。关于“网络使用费的主要来源”的调查显示，82.8%的大学生上网费用来自“家庭”，9.8%的大学生上网费用来自“自己打工”，上网费用来自“奖、助学金”“他人资助”“借钱”及“其他”的大学生比例分别是4.2%、0.6%、0.3%和2.3%。大学生的网络使用费应该还要将手机网络流量费计入其中。网络使用费现已成为大学生生活开销的重要部分，并随着用网的深入在逐渐增多。调查发现，高校中有不少家庭经济困难的大学生，这部分大学生的网络使用费是否会加重他们的生活负担？他们的网络使用费来自哪里？在网络成瘾的大学生中家庭经济困难者是否相对较少？这些问题值得进一步深入探讨。

（二）大学生网络行为的具体分析

1. 网络沟通交往行为

传统的人际交往是人们在社会活动中采用以面对面为主的交流形式，以语言符号或非语言符号进行信息交流、情感沟通的现实过程。网络人际交往则是借助网络平台或软件，以主体不在场的形式，在虚拟的网络空间中通过语音、文字、图片甚至编码而展开的跨时空的交流和沟通。这种新型人际关系的构建完全不同于现实社会人际关系建立的过程，大学生可以自主选择交往对象，甚至可以自由选择交往关系的继续或终止，却完全没有现实交往中的尴尬和顾虑。目前，网络已成为大学生人际交往的重要途径。

第一，多数大学生网上交流频繁且交流的对象主要是现实中认识的人。网络交往已成为离家在外的大学生与家人、往日同学及社会交流信息、沟通情感的重要方式。大学生经常性地通过登录微信、QQ、MSN等聊天工具或交流平台实现与他人跨时间、跨地区的互动交往。

关于“登录聊天工具或交流平台（如论坛、微博）的频率”的调查显示，10.2%的大学生选择“总是”，43.2%的大学生选择“经常”，22.6%的大学生选择“有时”，17.0%的大学生选择“很少”，仅7.0%的大学生选择“从不”（见图2–5）。可见，多数大学生网上交流频繁。

关于网上交流对象的调查显示，仅4.1%的大学生“网上交流的对象主要是”“陌生人”，23.3%的大学生选择的是“家人”，37.8%的大学生选择的是“外地同学或朋友”，33.5%的大学生选择的是“身边同学或朋友”，余下1.3%的大学生选择的是“其他”（见图2–6）。这反映出大学生网络交往的对象以现实中认识的人为主。

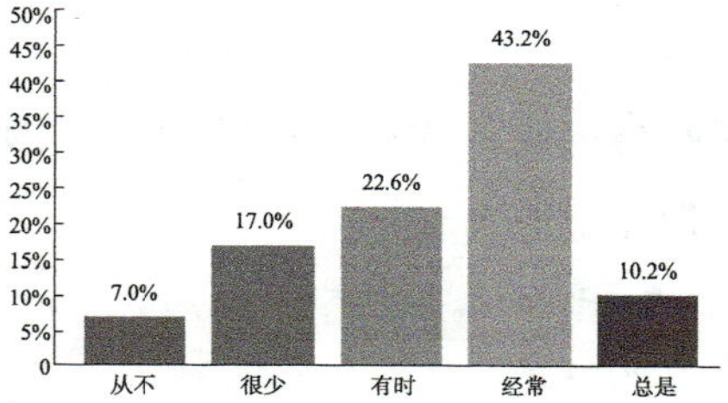

图2–5　登录聊天工具或交流平台的频率

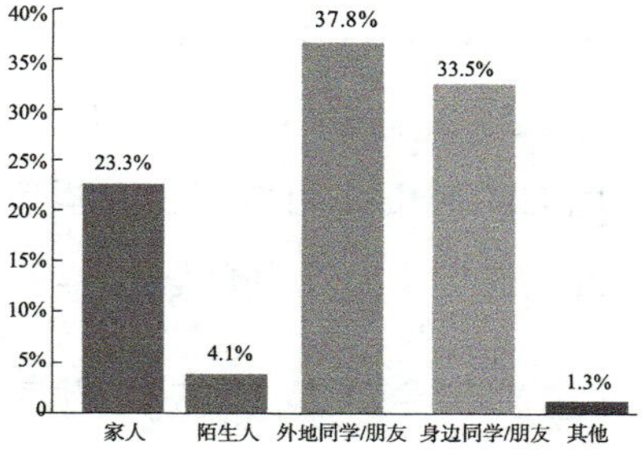

图2–6　网上交流的主要对象

第二，大学生注重网络交往对象与自己的相似性和一致性。网络人际交往方式的间接性、时空的自由性、交往主体的隐匿性和交往关系的平等性等特点，使得大学生在网络交往中具有极大的自由和自主性，他们可以选择自己愿意交往的对象进行交流。网络交往完全避免了面对面交往的各种顾虑。在网络交往过程中，交往双方可能会因为一句话、一张图片、一件事或一个符号而彼此关注，并在进一步了解对方的愿望的驱动下，展开进一步互动。

关于“最看重网上交流对象的什么方面”的调查显示，排在前三位的依次是“兴趣相同”“幽默健谈”“观点相近”，其比例依次是43.1%、16.8%、13.9%（见图2–7）。在网络交往过程中，网络交往对象之间因为具有相似性或一致性而更加容易相互吸引，大学生偏向于选择与自己在兴趣、爱好、观念、年龄等方面具有一致性或相似性的对象进行交往。

另外，大学生在网络上可以畅所欲言地谈天说地，网络交流的话题包括形势与政策、社会和学校中的热点问题、情感趣事、人生感悟等，但贴近生活的话题更容易引起大学生的共鸣，也是他们在网上交流最多的话题（见图2-8）。

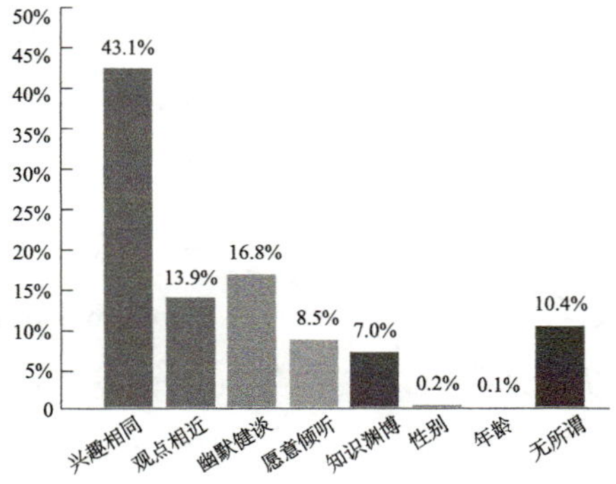

图2-7　最看重网上交流对象的什么方面

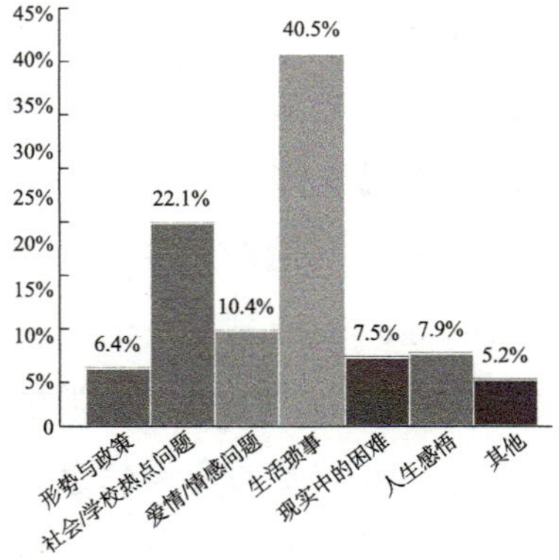

图2-8　与他人在网上交流最多的话题

第三，交往关系的不稳定性易造成大学生网上交往的信任危机。关于“是否会与陌生网友说真心话”的调查显示，54.2%的大学生明确表示“不会”，23.4%的大学生处于矛盾状态表示“说不清”，仅22.4%的大学生表示“会”说真心话。网络交往的虚拟性、随意性和不确定性，使得一些大学生在网络上不敢袒露自己的真实情况，也害怕说真心话，必然造成网上交往的信任危机。

关于“是否在网上隐瞒自己的真实情况”的调查显示，仅17.2%的大学生明确表示在网络中“从不”隐瞒自己的真实情况，27.9%的大学生表示“很少”隐瞒，37.2%的大学生表示“有时”隐瞒，11.5%的大学生表示“经常”隐瞒，6.2%的大学生表示“总是”隐瞒。网络交往关系的不稳定性直接影响了大学生在网络交往过程中的真诚度。

网络社会不同于现实社会，它是一个虚拟的空间，交往对象之间缺少直面的观察和冲突，彼此之间相互隐匿而又关系平等，看不到彼此表情，也摸不透彼此心理。因此，交往过程中存在着很多的不稳定性，其中也包括交往关系的不稳定性。交往中的任何一方，随时都有可能终止交往的过程或者影响交往关系的进一步发展。在网络虚拟空间，不乏一些抱着游戏的心态参与其中的网民，致使网上交往的信任危机重于现实交往。

第四，个人网页建设已逐渐成为大学生记录生活、展示自我的重要舞台。大学生个人网页是指大学生运用一定的技术，根据个性特点和兴趣爱好而建立的具有独立空间域名的网站，其定位是记录生活、展示自我，区别于以宣传、营销和提供服务等为目的的网站。当下大学生的个人网页大多数是借助其他网站平台而建立的，例如QQ空间、微博、微信朋友圈等。调查发现，95.2%的大学生“有”个人主页，仅4.8%的大学生“没有”个人主页。大学生可以通过个人主页搜集（或转发）各类自己感兴趣或需要的资料信息，个人主页如同一个大的网络存储器。大学生也可以通过个人主页分享生活、记录心情，加强与同学、老师和社会的交流和联系，大学生对个人主页的功能定位目前主要在于此。

关于“更新个人主页的原因”的调查显示，排在前三位的是“抒发心情”“分享生活”“记录日记”，比例分别是44.2%、36.6%、6.3%（见图2-9）。另外，个人主页是大学生自我展示的一个重要舞台，大学生也较为在意其个人主页的被关注度，仅13.3%的大学生不希望他人关注其个人主页（“不希望”和“非常不希望”之和）（见图2-10）。

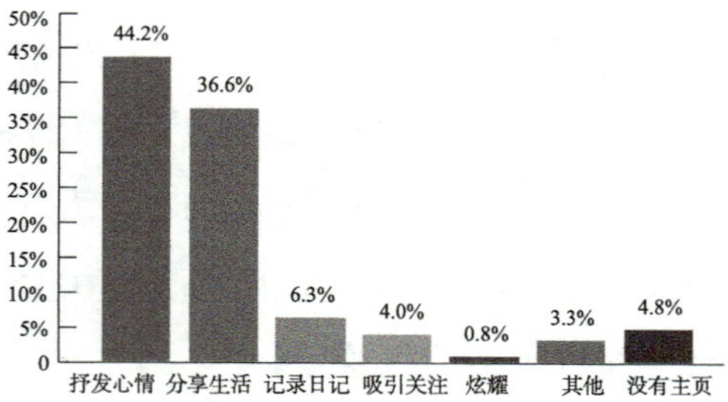

图2-9　更新个人主页的原因

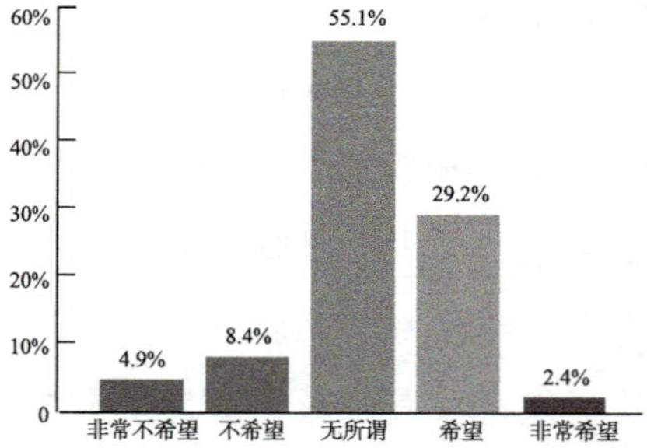

图2-10　是否希望他人关注自己的个人主页

2. 网络论坛行为

网络论坛又被称为电子公告栏，简称BBS（Bulletin Board System），是我国比较常见的网络虚拟社区，尤其在高校较为普遍。有学者于2003年做了一项关于BBS使用情况的调查，结果显示：在接受调查的东南大学120名大学生中，每天都上BBS的学生比例高达98%[①]。网络论坛为大学生提供了获取信息、交流思想、宣泄情感、休闲娱乐的互动平台，是大学生较为钟情的网络交流方式，已逐渐成为大学生日常生活的重要组成部分。但是网络论坛开放的准入制度、隐匿的用户身份以及激烈的言辞讨论，对参与其中的大学生思想道德与价值观念的形成产生了深刻影响。BBS不仅仅是一个新型的网络交流平台，更多地意味着一种独特的文化和心理现象[②]。

第一，大学生对综合性社会论坛的关注度比高校论坛高。关于“经常浏览的论坛”的调查显示，大学生浏览“社会论坛”的比例高于“本校论坛”和“外校论坛”等高校论坛，位于第一位（见图2-11）。高校论坛的用户群体相对单一，以本校的学生和教师为主，讨论的话题也多围绕学校而展开。以“天涯社区”为例，其自称“全球华人网上家园”，自1999年创立至2021年3月，论坛的注册会员数高达1.3亿人，仅其中一个模块“我的大学”已有115万个主帖，回帖数达881万个。

庞大的用户体验群和多种多样的版面设置，是综合性社会论坛与高校论坛之间的最大区别，也是高校论坛无法比拟的优势。社会论坛的设计者依据话题性质的不同，设置了不同主题的版面，并根据网友在版面的活跃程度选取版主。以当下关注度较高的“天涯社区”为例，其设置了民生、文学、舆情、汽车、时尚、情感、娱乐、旅游等十余个主题，每个主题下还有更加细致的分类，极大地满足了各类用户的不同需求。可以说，综合性社会论坛以其丰富的用户体验和信息资讯，吸引着大学生群体，满足他们的多样化需求。因此，高校应进一步加强和完善校内网络论坛建设，充分发挥其在大学生思想政治教育工作中的作用。

第二，大学生的网络论坛行为以交流信息、沟通情感为主。在网络论坛中，具有相同兴趣爱好的用户聚到同一个版面共同探讨感兴趣的话

① 孟新.BBS对大学生的影响及对策研究[J].南京工业大学学报(社会科学版),2003(04):100.

② 崔丽娟,刘琳.大学生使用BBS的心理因素研究[J].心理科学,2008,31(01):205.

题，形成一个小型的网络社区（或称为社团）。大学生在论坛中主要有以下类型：一是专家管理型（版主型），这类大学生在线时间长，在某一版面发帖多且有较高的回应帖数，具有较高威信，其行为以管理和维持公共秩序等为主；二是活跃参与型，这类学生是论坛的活跃分子，喜欢浏览论坛内容并积极参与各种热门帖的讨论，参与论坛的各种活动；三是自我表达型，这类大学生参与论坛的主要目的是发表观点、表达情绪，偶尔也会浏览自己感兴趣的帖子并回帖表达观点，其行为以自说自话为主；四是沉默潜水型，这类大学生参与论坛的主要目的是关注动态、获取资讯，其行为以浏览为主、少有发言；五是探索学习型，这类大学生刚刚参与到论坛之中，其行为以探索学习为主。调查发现，多数大学生在网络论坛中属于沉默潜水型，其在网络论坛中的行为习惯是“浏览但不发言”，比例是40.2%，“偶尔发言”的比例是22.0%（见图2–12）。

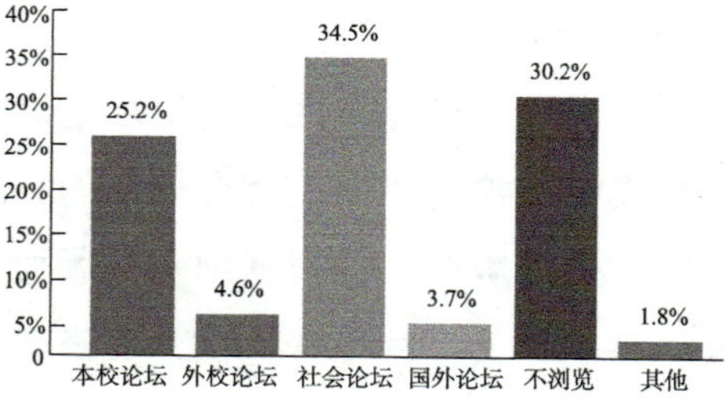

图2–11　大学生经常浏览的论坛

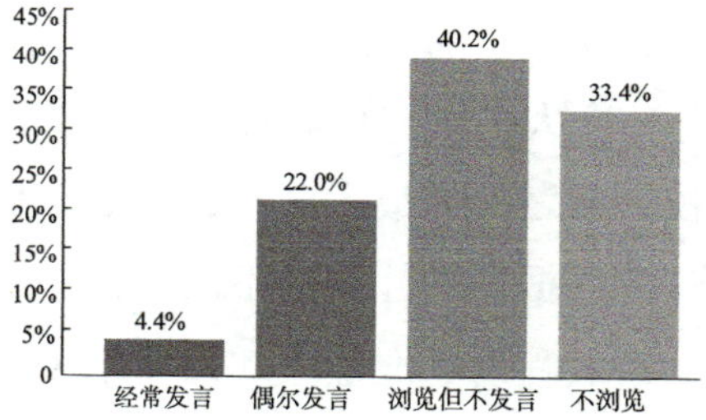

图2–12　大学生在网络论坛中的行为习惯

第三，大学生在论坛中的言行容易受网络不良舆论氛围的误导。以2013年一篇题为《东北大妈北京街头“碰瓷”外国小伙》的不实报道为例，报道一经发布，就引发包括大学生在内的部分网友对东北大妈甚至中国人的强烈谴责。“在媒体公开真相之前，是否相信‘外国小伙遭大妈碰瓷’的虚假新闻”的调查结果显示，21.0%的大学生对这一报道深信不疑，42.7%的大学生处于矛盾阶段，认为“说不清”是否应该相信，仅36.3%的大学生明确表示“不相信”大妈“碰瓷”。继“彭宇案”之后，类似的社会事件被媒体争相报道。事件本身并不特别，但由此引发了网友们关于“扶还是不扶”“让座还是不让座”“帮还是不帮”的激烈讨论，而不良的舆论氛围会误导辨别力不强的大学生。对于社会热门事件，“是否会因网民的激烈言辞而情绪激动”的调查结果再次表明，大学生的情绪、观点甚至言行容易受到网友言论的影响，65.8%的大学生或多或少会因网友的言论而影响自己的情绪（见图2-13和图2-14）。

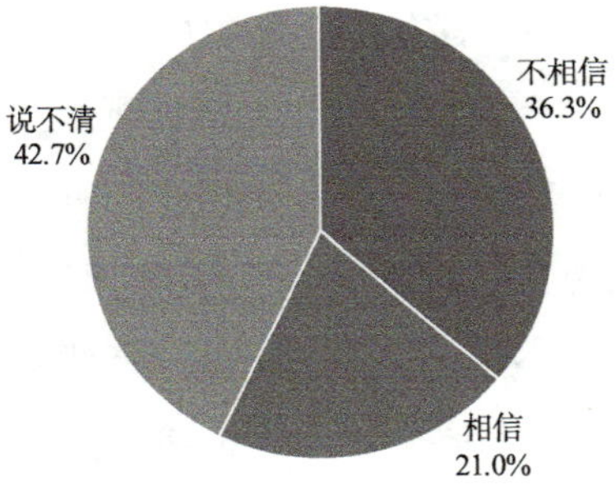

图2-13　是否相信“碰瓷”的虚假新闻

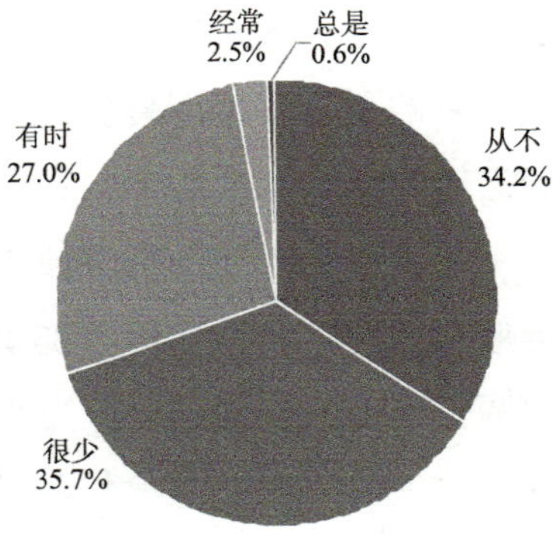

图2-14　是否会因网民的激烈言辞而情绪激动

近年来，很多社会事件在发生后的短短几分钟内就被网民上传到互联网，并以超乎想象的速度和影响力在网络上传播，很快就成为超高点击率、转发率和评论数的网络热点事件。社会热点事件在网络论坛中一经发布就会引起网民们激烈的群体讨论，不同的意识形态、不同的价值观念、不同的利益诉求都会在这里聚集显露，其中不乏一些个人或团体蓄意发布不良舆情信息，刻意制造错误的舆论氛围以达到其目的。不良网络舆论影响社会主流意识形态的确立，更加冲击大学生，影响他们正确价值观的形成。

第四，网络热点话题的非理性群体讨论会导致大学生跟风参与非理性活动。对于大学生而言，网络论坛不仅是他们获取信息、交流观点的平台，也是他们了解社会、认识社会的重要渠道。“是否通过网络关注‘扶与不扶’‘复旦投毒案’等事件”的调查结果显示，大学生对于社会热点问题的关注度高，61.3%的大学生表示会关注这类事件（“非常关注”和“关注”之和），明确表示不关注的大学生比例是22.5%（“不关注”和“从不关注”之和），余下16.2%的大学生对事件的发展“无所谓”（见图2-15）。作为大学生，应该积极主动地了解社会、认识社会，并敢于让社会听到自己的声音。在网络热点问题的讨论中，一些大学生理性地参与其中，并与论坛中其他网民交流彼此的观点和看法。但是论坛中一些非理性的言行，例如网友对社会事件当事人发起“人肉搜索”或恶意的语言攻击等侵犯他人权利的行为，对大学生在论坛中的行为有着深刻的影响。

关于“是否在网络上使用言语抨击或攻击他人”的调查显示，有过类似行为的大学生比例是33.1%；关于“是否参与过网络‘人肉搜索’”的调查显示，有过类似行为的大学生比例是19.2%（见图2-16）。虽然多数大学生能够理性地参与网络热点话题的群体讨论，但一些非理性的网络行为或活动也容易引发大学生的过激言行。

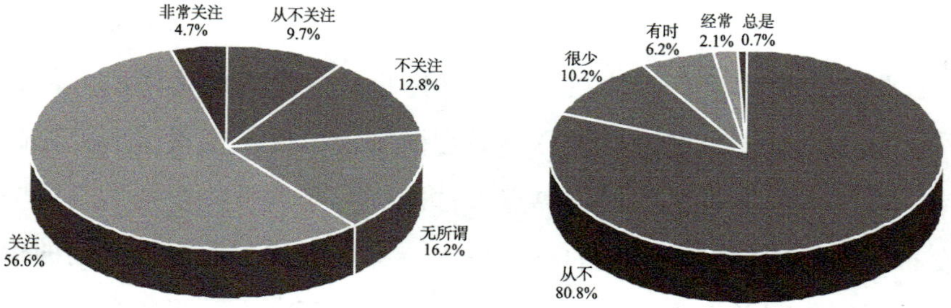

图2-15　是否通过网络关注社会热门事件　图2-16　是否参与过网络“人肉搜索”

第五，高校论坛实名制利于规范大学生网络言行但限制了言论自由。对于大学生而言，论坛是一个重要的信息交流平台，大学生通过论坛获取他们感兴趣的各类信息资讯，并与其中具有相同兴趣的网民交流彼此的观点和看法。然而，在网络这样一个虚拟的空间中，大学生的权责利也因其网络身份的虚拟性和多变性而变得难以确定。一些高校为规范和约束大学生的网络言行而尝试对本校论坛进行实名制改革。“网络实名制的本质是提供一种关联，使网络空间中虚拟化的行为主体，对应到现实世界中真实存在的个体，是一种将主体在网络中言行的权责利对应到现实中存在的个体的确认机制。”[①]从制度本身来看，它对于规范和约束网络行为主体的言行、提高行为主体的责任感具有一定的现实意义，但是也会给网络社会的“热闹非凡”和“生机盎然”带来一定的影响。在大学生看来，高校论坛实名制会带来“增强责任”“约束言行”“交流真诚”“方便管理”等优点；也会导致“缺少真话”“交流肤浅”“话题乏味”等缺点（见图2-17和图2-18）。

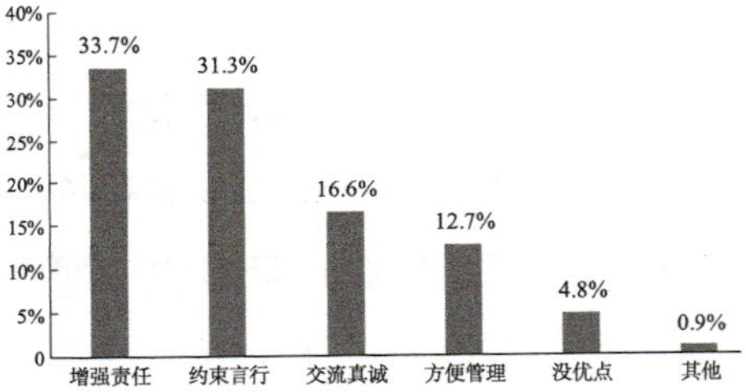

图2-17 大学生认为的实名论坛的优点

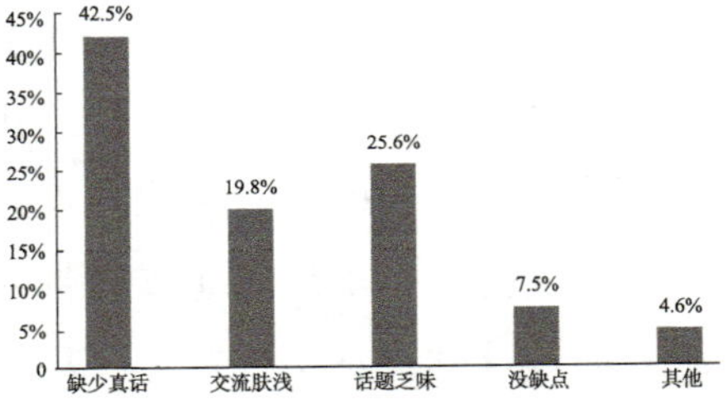

图2-18 大学生认为的实名论坛的缺点

关于“是否支持高校论坛实名制的做法”的调查显示，明确表示支持实名制的大学生比例是37.1%（“非常支持”和“比较支持”之和），35.1%的大学生表示“无所谓”，余下27.8%的大学生表示不支持。高校论坛实名制在规范大学生网络言行的同时，对大学生的自由言论也会产生一定的约束。在生活节奏快、工作压力大的社会背景下，很多人把网络空间当作“减压阀”和“排气口”[②]。制度的制定是为了更好地服务于人类，倘若人类思想观念没有从根本上得到改变，制度根本发挥不了作用，甚至可能会适得其反。因此，高校论坛实名制改革应进一步调研，在时机成熟之前，尽量不要打破大学生渴望的自由空间。

3. 网络游戏行为

根据中国互联网络信息中心发布的《第47次中国互联网络发展状况统计报告》，截至2020年12月，我国网络游戏用户规模达5.18亿，占网

① 陈曦，李钢. 网络实名制的身份确认与制度演化[J]. 重庆社会科学，2013(07)：54.

② 陈力丹. 虚拟社会管理的六个理念[J]. 中国党政干部论坛，2011(04)：24.

民整体的52.4%，其中手机网络游戏用户规模达5.16亿[①]。网络游戏以其开放的网络环境、虚拟的故事情节、精美的游戏场景和美妙的背景音乐等，为人们构建了一个虚实交织的别样世界，人们可以在其中开展互动交流、竞技比赛、探索冒险等。近年来，网络游戏吸引了越来越多的大学生玩家，他们投入大量的时间，掌握了过硬的游戏技能，并凭借娴熟的操作技术很快在游戏中扮演领导者角色。与传统游戏相比，网络游戏“具有强烈的互动性、娱乐性、耐玩性、探索性、不确定性等特点”[②]。

第一，网络游戏是大学生休闲娱乐的主要方式。网络游戏是科技发展的产物，是一种新型的文化产业，同传统游戏相比，更具娱乐性。网络游戏以其多样的游戏类型、逼真的游戏画面、生动的故事情节和炫酷的音效支持等，给玩家超强的带入感和逼真的娱乐体验。可以说，网络游戏的设计越来越接近现实，甚至比现实更加丰富、更加完美。不仅如此，很多在现实中不可能发生的事情，在网络游戏中却可以逐一实现。所以，网络游戏给玩家们极大的满足感和成就感。通过调查发现，大学生参与网络游戏的比例非常高，仅11.7%的大学生表示不玩网络游戏；65.4%的大学生“平均每天玩网游（含手机游戏）的时间”超过1个小时（见图2-19）。

高校教育工作者和大学生家长均认为有很大比例的大学生在玩网络游戏。关于“您的孩子是否玩网络游戏”的调查显示，39.1%的大学生家长明确表示孩子“玩”网络游戏，10.9%的大学生家长表示“不清楚”，余下50.0%的大学生家长表示孩子“不玩”网络游戏。通过观察大学生的日常在校表现，20.6%的高校教育工作者认为“50%～70%”的大学生玩网络游戏，20.6%的高校教育工作者认为“70%～80%”的大学生

① 中国互联网络信息中心.第47次中国互联网络发展状况统计报告[R/OL].(2021-02-03)[2021-02-10]. http://cnnic.cn/hlwfzyj/hlwxzbg/hlwtjbg/202102/P020210203334633480104.pdf.

② 黄少华.网络游戏意识对网络游戏行为的影响——以青少年网民为例[J].新闻与传播研究,2009,16(02):59.

玩网络游戏（见图2-20）。大学生的大多数时间都在学校度过，家长所反映的是孩子在家的一贯表现，高校教育工作者的日常观察相对更能反映出大学生网络游戏行为的真实现状。由此可见，网络游戏以其超强的娱乐性吸引了众多大学生的参与，已成为大学生休闲娱乐的主要方式和生活的重要组成部分。

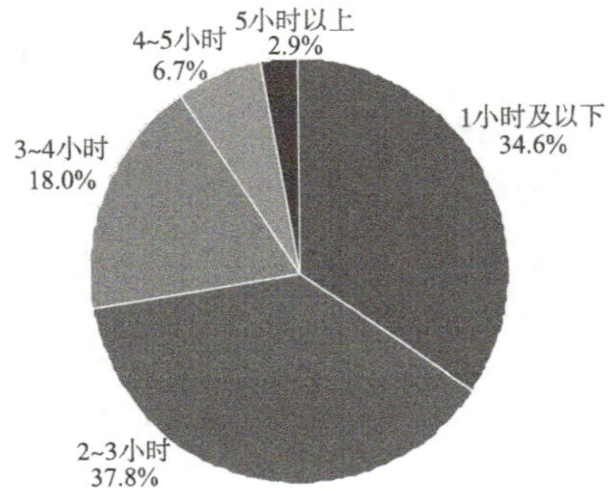

图2-19　平均每天玩网络游戏（含手机游戏）的时间

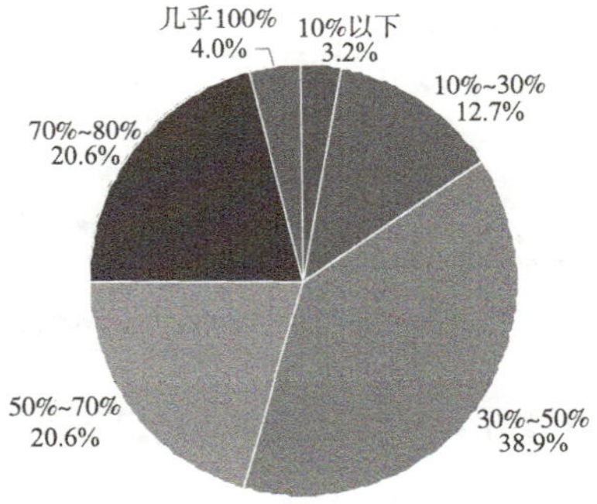

图2-20　高校教育工作者认为大学生玩网络游戏的比例

第二，团队对抗类游戏对男大学生的吸引力远大于女大学生。根据调查，大学生玩网络游戏的最主要原因是“打发时间”和“缓解压力”，两者所占比例分别是57.0%和20.0%，在众多类型的游戏中，“休闲类”游戏恰能满足大学生的这两点需求。

调查还发现，大学生“最喜欢的网络游戏”是“休闲类”游戏，其次是“MOBA类”游戏（见图2-21）。休闲类游戏以其进出自由、投入时间少、娱乐性强、技术要求低等特点，深受各种类型大学生的喜爱。这类游戏的占比之所以高的另外一个主要原因是手机游戏的流行。大学生可以根据自己的时间和意愿随意进出手机游戏，他们可以在排队等待、课间休息、吃饭等零碎时间来玩而不占用其主要时间。占比较多的MOBA类游戏，从其设计来看更加适合男性玩家。与休闲类游戏不同，MOBA类游戏对玩家的技术要求较高。MOBA类游戏中的人物通常有不同的特点和分工，除基本的游戏技能外，还考验玩家的个人控制能力、协调能力和团队协作能力。在MOBA类游戏中，玩家要进行团队对抗，与传统的单机游戏相比，团队对抗赛更能使玩家获得个人成就感和团队荣誉感。这类游戏的设计更加符合男性的特征。调查还发现，团队对抗类游戏对男大学生的吸引力远大于女大学生。接受调查的男大学生中有36.5%喜欢的游戏类型是MOBA类游戏，而喜欢该类游戏的女大学生所占的比例仅为5.6%（见图2-22）。

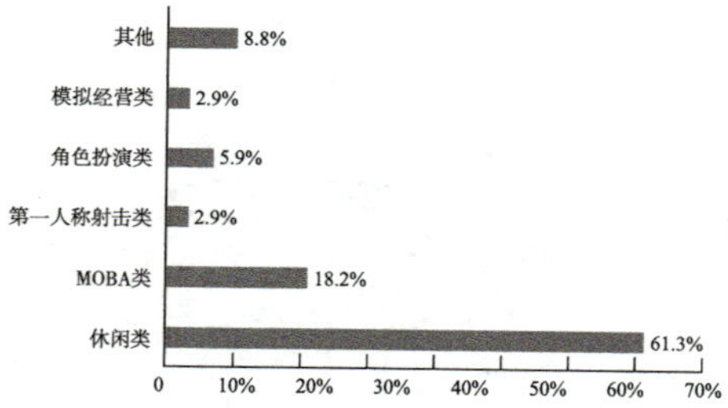

图2-21　大学生最喜欢的网络游戏

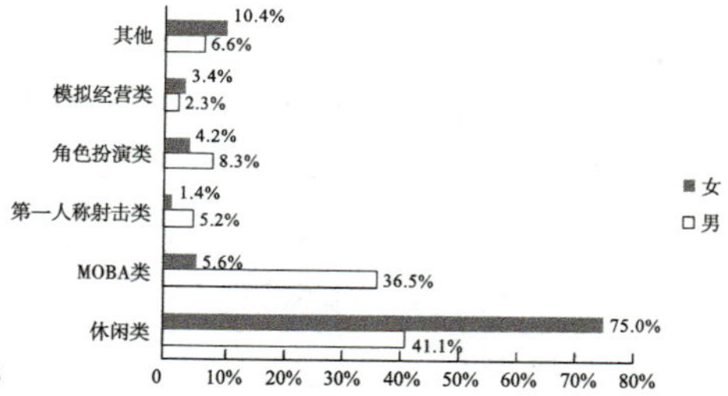

图2-22　男女大学生喜欢的网络游戏类型比较

第三，多数大学生对于网络游戏的付费意愿不明显。网络游戏的收费模式有包时收费、点卡收费（即按时长收费）及道具收费等，当前以点卡收费和道具收费这两种模式为主。以当前在大学生中具有较高人气的“魔兽世界”为例，它属于角色扮演类游戏，采取的是点卡收费模式。“魔兽世界”从2005年开始在我国正式运营，是我国目前运营最成功的网络游戏之一，在大学生中有超高的人气和稳定的玩家群。对于这类游戏，玩家经历试玩阶段之后，如果想要继续玩就必须付费购买点卡。据了解，2015年之前“魔兽世界”的收费标准是30元购买4000分钟（66小时40分钟）的在线时间，平均在线1小时需要玩家付费约0.45元。很多大学生自“魔兽世界”发售之日起10年间一直在玩这款游戏，如果按照平均每天玩游戏1小时计算，1位大学生玩家在这款游戏中已累计耗时3650小时，10年的花费约为1642.5元。关于“是否会为网游充值”的调查显示，69.4%的大学生“从不”充值，17.9%的大学生“很少”充值，8.5%的大学生“有时”充值，2.7%的大学生“经常”充值，1.5%的大学生“总是”充值。由此可见，对于没有经济收入来源的大学生来说，他们更加愿意在游戏中耗费时间而非金钱，多数大学生在网络游戏付费方面能够理性支出，但在时间支出方面理性不够。

第四，大学生对游戏PK行为的兴趣较单纯玩游戏高。与单机游戏相比，网络游戏更加注重服务性和多元性，在游戏界面、功能设计、配套服务及环节设置等方面，尽量满足玩家的多样性体验需求。游戏PK机制就是这样应运而生的。PK是英文Player Killing的简称，指的是游戏中人物之间相互攻击以结束一方生命为直接目的的游戏行为，是玩家之间互动的一种表现形式。玩家PK是当下众多网络游戏中必不可少的环节，是吸引玩家的重要玩点，玩家PK掉的人物越多，就会赢得越多的积分，等级也会升得越快。

关于“如何看待网游中的PK现象”的调查显示，仅9.3%的大学生对游戏PK行为感到“厌恶”，认为其“太暴力”，15.3%的大学生认为PK行为“过瘾，能展现实力”，32.3%的大学生认为PK行为“比单纯玩游戏有趣”，余下43.1%的大学生对这一游戏行为表示“无所谓”（见图2–23）。在网络游戏中流行的PK战，较好地实现了游戏的非现实性满足，给玩家带来超现实的体验和巨大的成就感。但是要想在PK战中取得胜利，玩家就必须花费更多的时间和精力去武装自己，从而不断提升自己的等级。因此，大学生在体验游戏PK带来的乐趣的同时，应清醒地认识到其对现实生活所产生的负面影响。另外，在现实社会道德和法律体系中不被允许的PK行为在网络游戏中不应被滥用，PK战中的施者和受者也不应将网络游戏中因虚拟行为所产生的情绪和冲动带到现实生活之中。

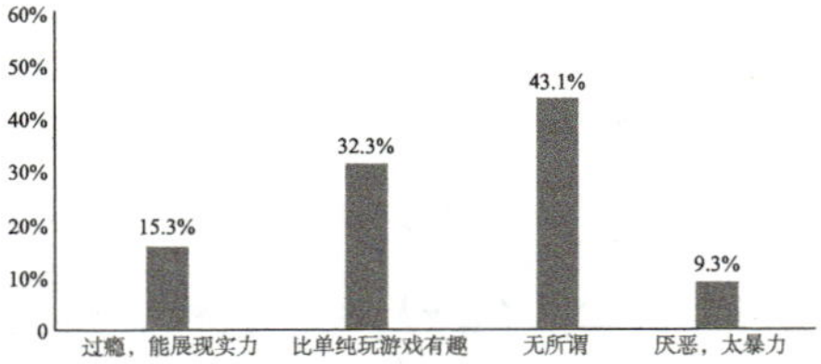

图2–23　如何看待网游中的PK现象

第五，一些大学生会通过打击、报复等方式平衡游戏所带来的“挫败”或“不顺”。在网络游戏中，玩家可以通过扮演不同的角色来体验不同的人生。一些玩家还将自己在现实中无法实现的愿望转移到网络游戏的大舞台，在网络游戏中“努力奋斗”，为自己所扮演角色背后的光环而不断攻关升级。对于玩家来说，网络游戏就如同一场智力和技能的竞技赛，它需要的不仅是时间的投入，还需要操作技能和攻关的战略思维。另外，网络游戏中的人物都是由一个个现实的人所扮演和操纵的，人物间的互动实则是其背后玩家的沟通交流。因此，玩家在组队时会考虑队友的协作能力、技能和等级等综合因素，玩家往日的“战果”或表现直接影响其在队伍中的角色和任务。

据调查，大学生比较在意网络游戏中的“挫败”或“不顺”。当“在游戏中遭遇挫败或不顺”时，仅40.4%的大学生表示“无所谓”，19.5%的大学生会“加倍练习”，12.1%的大学生会“放弃这款游戏”，9.6%的大学生会“找机会报复对方”，9.1%的大学生会“打击弱小的玩家寻找成就感”，余下9.3%的大学生选择“其他”。由此可见，多数大学生十分看重网络游戏的输赢，他们会选择自己的方式去平衡因“挫败”或“不顺”所导致的心理失衡。

第六，男大学生玩家在游戏中攻击性行为的倾向较女大学生玩家明显。近年来，关于网络游戏不良影响的报道越来越多，而很多大学生因沉迷网络游戏而引发的诸多问题也确实存在。我国当下流行的一些网络游戏涉及拼斗打杀、暴力对抗等内容。魏谨等学者的调查结果也表明："上网的青少年中有62%在玩网络游戏，而网络游戏中80%都与暴力攻击和血腥有关。"①

关于“在网游中属于哪一类型的玩家”的调查显示，23.9%的大学生以赢得比赛赚取经验值为目的，是“征服者”；15.9%的大学生以战胜他人为目的，是“杀手”；14.6%的大学生以探索游戏中的宝藏和秘密为目的，是“探险家”；6.3%的大学生以与他人聊天交流为目的，是“社交家”；余下39.3%的大学生表示“不确定”。对于这一问题，男大学生

---

① 魏谨，佐斌，温芳芳，等.暴力网络游戏与青少年攻击内隐联结的研究[J].中国临床心理学杂志，2009，17(06)：715.

与女大学生的选择存在很大差别，相对女大学生来说，更多的男大学生在游戏中充当着“征服者”和“杀手”的角色（见图2-24）。由此可见，男大学生玩家在游戏中攻击性行为的倾向较女大学生玩家明显。接受调查的男大学生玩网络游戏的比例较女大学生高，而且他们比女大学生接触过更多的暴力游戏。

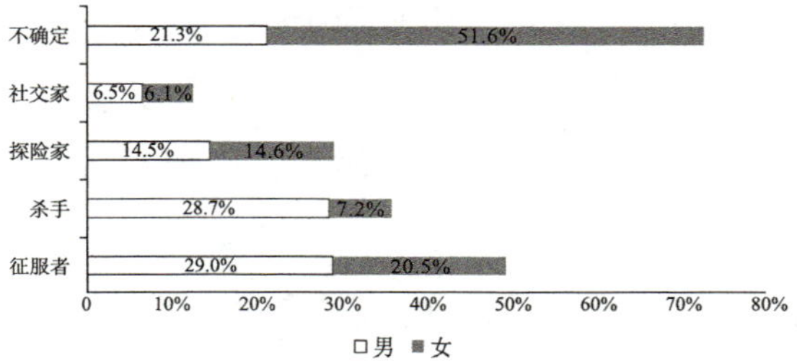

图2-24　在网游中属于哪一类型的玩家

研究表明，网络暴力游戏会对暴力行为有示范作用①。如果大学生长期受网络暴力游戏的影响，那么极有可能会对现实暴力行为脱敏，进而诱发现实的暴力行为。

4. 网络信息浏览行为

网络信息浏览行为是指网民为了满足信息需求而进行的在线浏览行为。笔者专门对网络不良信息尤其是网络黄色信息浏览行为进行了详细调查。网络黄色信息指的是在网络中以图片、文字、声音、影像、游戏等不同形式传播的淫秽色情信息。黄色信息在网络出现之前已经存在，它本身并不是网络发展的产物，网络只不过是其传播的平台之一，但是网络极大地加速了黄色信息的传播。与传统黄色信息相比，网络黄色信息呈现出传播形式更具隐匿性、传播行为更具互动性、传播载体更具多媒体性、传播路径更加快速便捷等新特点②。网络黄色信息被人们形象地称为“网络黄毒”，其传播严重危害了大学生的身心健康。

第一，多数大学生对网络黄色信息认知较早。关于“第一次对黄色

① 贺建平，赵晓燕，黄肖肖．网络暴力游戏与青少年暴力行为的相关性[J].新闻界，2009(01):44.

② 刘小标．网络淫秽色情信息传播新特点与对策研究[J].中国出版，2012(07):72-73.

网站或视频有概念的时间”的调查显示，75.0%的大学生在上大学之前对黄色信息已经有所了解，仅25.0%的大学生是在上大学之后才对其有所了解（见图2-25）。网络黄色信息的表现形式很多，例如黄色图片、色情小说、色情影片、成人网站以及色情服务等，其传播渠道越来越多样化，传播手法也越来越隐匿。网络黄色信息的传播一般不通过网站的主页面，而是在网站的二级或三级页面上通过挑逗性的图片或文字诱导网民点击链接进行浏览。可以说，“网络黄毒”屡禁不止，其生存方式也越来越隐匿。一些网站特别是游戏网站、视频网站、文学网站通过弹窗、视频、小说等形式，推荐“AV女星”“偷拍”“走光”等低俗信息；一些网络新闻从业者为吸引网民的眼球，故意制作违反公序良俗的标题①。黄色信息以各种方式生存于网络空间，大学生网民或多或少、或直接或间接地会对其有所了解。

第二，大学生被动浏览黄色信息的行为偶有发生。关于“上网是否容易受到色情或暴力信息的影响”的调查显示，42.1%的大学生明确表示“是”，30.0%的大学生表示“说不清”，仅27.9%的大学生表示“否”。另外，仅39.9%的大学生明确表示“从未”有过使用手机上网时被动地浏览色情信息的情况，余下60.1%的大学生或多或少地有过被动浏览色情信息的行为（见图2-26）。

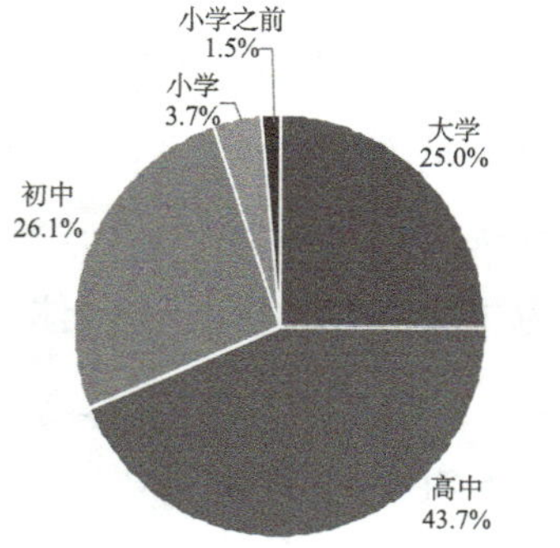

图2-25　第一次对黄色网站或视频有概念的时间

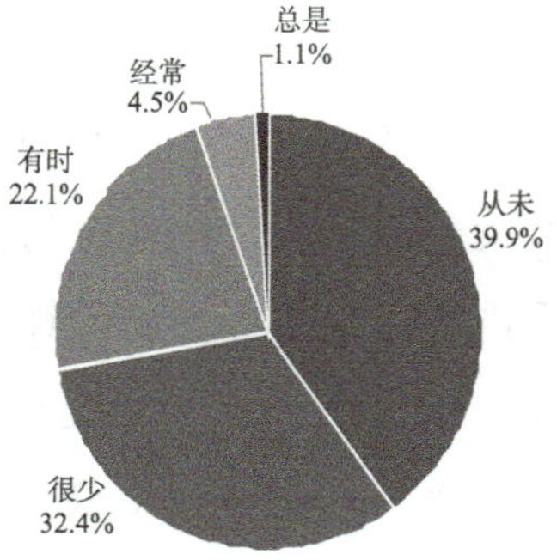

图2-26　使用手机上网时是否被动地浏览过色情信息

① 海霞.让网络色情信息离孩子更远些[N].人民法院报,2014-06-09(002).

根据中国扫黄打非网介绍，2020年全国共处置淫秽色情等有害信息1200万余条，查处“扫黄打非”相关案件1.1万余起，全国共建成71.9万个“扫黄打非”基层站点，破获“茄子视频”特大传播淫秽物品牟利案，向45名举报人发放“扫黄打非”举报奖金156万元①。“扫黄打非”专项行动以具体数字说明了国家打击网络黄色信息的成效，但是“网络黄毒”仍然存在于网络社会之中。现如今，网络已成为大学生生活中的重要组成部分，与大学生的学习、生活、休闲、娱乐等息息相关。因此，在频繁使用网络的过程中，大学生不可避免地会接触到网络黄色信息。

第三，大学生普遍认为他人浏览黄色信息的频率比自己高。在接受调查的大学生中，有61.6%的大学生明确表示自己“从未”浏览过黄色网站。但是仅22.8%的大学生明确表示身边的同学或朋友没有浏览黄色网站的行为，其比例远远低于其对自己的肯定。这两组数据说明了以下两点：一是大学生对自己浏览黄色网站的行为有所隐瞒，二是大学生中确实存在浏览黄色信息的行为。有学者用“第三者效果”解释了这一现象：人们会认为不良信息对他人的影响大于对自己的影响。国外学者Lee和Tamborini对韩国和美国大学生进行了比较研究后发现，受访者认为网络色情信息对他人的影响大于对其自身的影响②。此理论或许可以很好地解释大学生认为他人浏览黄色信息的频率比自己高这一调查结果。

第四，网络黄色信息容易激发大学生过早的性行为甚至诱发色情犯罪。互联网中的黄色信息不仅违反了公序良俗，还严重危害了大学生的身心健康。关于“大学生浏览黄色网站会产生什么不良影响”的调查显示，31.3%的大学生认为“影响身心健康”，20.7%的大学生认为会“诱

① 2020年“扫黄打非”十大数据[EB/OL].(2021-01-13)[2021-02-10].http://www.shdf.gov.cn/shdf/contents/767/426187.html.

② 周裕琼，潘晓慧，严丽娜.第三者效果与网络不良信息管理[J].国际新闻界，2007(07):62-65.

发色情犯罪”，紧接其后的是“导致过早性行为”和“导致错误的恋爱观”，占比均为15.8%。另外，47.4%的大学生明确表示青少年犯罪率的增长与网络色情信息有关（“非常有关”和“比较有关”之和）。

对于20岁左右的大学生来说，他们的性生理发育已经完全成熟，但性心理发展尚未成熟。他们渴望与异性交往，容易对异性产生兴趣，并在性机能的驱使下容易产生性的想法和冲动。但是因为性问题的敏感性和私密性，不论是学校教育还是家庭教育，不论是高校教育工作者还是大学生家长，都较少对大学生进行性教育。这一方面使大学生缺乏性知识储备，另一方面使满足大学生性心理需求的正常渠道不畅通。随着黄色信息在互联网中的传播速度越来越快和获取黄色信息途径越来越便捷，网络黄色信息不断出现在大学生眼前。在好奇心理的驱使和网络不良环境的影响下，大学生浏览黄色信息的行为随之产生。社会学习理论代表人物班杜拉抓住人与人之间相互影响这一社会性因素，通过实验证实模仿和观察对行为塑造的作用①。在浏览网络黄色信息的过程中，大学生的性思想、性观念甚至性行为潜移默化地受到影响，导致他们无意识地模仿其中的一些行为，或者过早地发生性行为甚至走向性犯罪。

5. 网络购物行为

我们通常所说的网络购物，指的是买家借助互联网搜索到商品信息之后，以电子订单的形式发出购物请求，并通过网上银行或支付宝等途径支付所需金额，卖家再通过邮局或者快递公司送货上门的购物形式。网络购物时买家只需要在网上搜索，就可以轻松地获取商品信息，慢慢挑选，而完全不受时间和地点的限制。

第一，网络购物行为在大学生中非常普遍。随着现代生活节奏的不断加快，网络购物这种时尚又便捷的消费方式越来越受到人们的青睐。《第47次中国互联网络发展状况统计报告》显示：截至2020年12月，我国的网络购物用户已达到7.82亿人，较2020年3月增加7215万人，占网

① 周晓虹.班杜拉和科尔伯格：性别角色发展观的分歧[J].心理学探新，1986(03)：44-52.

民整体的79.1%[①]。由此可见，电子商务在信息技术的推动下蓬勃发展，网络购物已逐渐发展为一种新型的消费方式和消费习惯。在我国网络购物的大军中，“高触网”的大学生是一支生力军，其网络购物行为在朝着个性化和主动性的方向发展。大学生往往扮演着引领社会消费趋势的角色[②]。调查发现，仅10.8%的大学生不会网络购物，89.2%的大学生在网络上购物。大学生网络购物的行为非常普遍。

第二，大学生现阶段的网络购物行为较为理性。关于“网络购物与传统购物相比最大的优势是什么”的调查显示，排在前三位的是“节约时间”“价格便宜”“方便快捷”，比例依次是48.0%、21.5%和19.6%。网络购物所带来的时间和金钱上的节约最吸引大学生。方便快捷、应有尽有的网络购物基本能够满足大学生日常生活的需求，网络不仅能提供商品还能提供服务，深受大学生群体的喜爱。以安徽省某高校为例，该校共3个校区，除1个校区在市中心外，另外2个校区都在郊区，大学生的生活相对不便，尤其体现在购物上。因此，网络购物成为大学生购物的首选。最大的1个校区为解决学生收寄快递的问题，多次扩大快递代收点，并于2015年底建成“校园快递综合服务区”，为大学生收寄快递提供专门场所，里面堆满了大学生通过网络购买的物品，每遇放学高峰期都能见到很长的领取快递的队伍。

据调查，虽然网络购物已成为大学生的一种消费习惯，但他们在网络中的购物行为大多数是理性的，仅1.7%的大学生每个月在网络购物上的花销是“800元以上”，多数大学生每月的网络购物花销控制在“100～300元”，占比69.7%。这种现象主要由大学生本身的经济状况所决定，但不排除将来其网络购物的花销随着收入的增加而增加的可能性。

① 中国互联网络信息中心.第47次中国互联网络发展状况统计报告[R/OL].(2021-02-03)[2021-02-10]. http://cnnic. cn/hlwfzyj/hlwxzbg/hlwtjbg/202102/P020210203334633480104.pdf.

② 盛晏，邓洪林.当代大学生网络购物现状调查[J].市场研究，2008(07):17.

第三，大学生网络购物行为的结果存在很大的未知性。网络购物可以分为五个阶段，即确认需要、收集信息、比较选择、实现购买、购后评价①，每个阶段都需要买家的判断和选择。网络购物与传统购物最大的区别是看不到真实的商品，买家只能通过商品介绍、商品图片、商家介绍、销售情况、他人评价等途径来了解商品信息，最终靠主观判断来决定自己的购买行为。网络购物较传统购物存在很大的不确定性，这影响着买家购物能否成功。

关于“在网购时最关注什么”的调查显示，31.5%的大学生选择“商品评价”，排在第一位；其次是“商家信誉”，占比23.9%；然后是“商品品质”和“商品价格”，占比分别是23.8%、12.2%。大学生的关注点排序与商品的未知性有很大关系，他们只能通过第三方的评价和卖家长久积累的信誉来决定自己购买与否，其购买行为的结果只能等拿到实物商品才能揭晓。因此，大学生网络购物行为的结果存在很大的未知性。

6. 手机上网行为

随着移动通信技术的发展和智能手机的普及，手机不再是仅具备打电话和发信息等即时通信功能的交流工具，其已发展成功能齐全的移动个人多媒体终端。与此同时，手机的上网功能被越来越多的人所熟知和使用。《第47次中国互联网络发展状况统计报告》显示：截至2020年12月，我国手机网民人数已达9.86亿人，较2020年3月增加了8885万人；网民中使用手机上网的人群占比99.7%②。可以说，手机网络正在飞速发展，手机网民也已成为中国网民的最主要群体。

第一，手机上网在大学生中基本普及。手机是现代人必不可少的通信工具，在大学生中已基本普及，为他们日常的沟通交流搭建了便利的桥梁。在手机网民中，大学生网民群体占有较大的比例。手机上网已成

① 沈蕾，张杰，李义敏．网络时代90后消费模式研究[J]．市场研究，2010(07)：34-39.

② 中国互联网络信息中心．第47次中国互联网络发展状况统计报告[R/OL].(2021-02-03)[2021-02-10]. http://cnnic.cn/hlwfzyj/hlwxzbg/hlwtjbg/202102/P020210203334633480104.pdf.

为大学生网络应用的一个重要发展方向。手机上网以其及时、便捷、开放、分众[①]和个性化等特点，得到了不少大学生网民的认可和青睐。在调查中，仅3.7%的大学生不使用手机上网，96.3%的大学生都会使用手机上网。调查结果表明，65.4%的大学生会“使用手机记录生活见闻”，31.0%的大学生明确表示会将所见所闻上传至网络。可见，大学生对新媒体技术有着较强的接受和运用能力，手机上网已逐渐渗透到大学生的学习和生活之中。

第二，大学生每天使用手机上网时间较长。手机在高校不仅已经普及，而且成为很多大学生日常生活中必不可少的上网工具。大学生手机上网的频率越来越高，手机上网的时长是其在手机网络中活跃程度的一个重要表现。大学生手机上网行为的自主性高，不受时间和空间的限制，可以在任何零碎的时间发生。

关于“平均每天用手机上网的时间”的调查显示，24.6%的大学生手机会“时刻联网”，29.9%的大学生每天用手机上网时间为“3个小时以上”，每天用手机上网“2~3个小时”的大学生比例是33.9%。手机上网时长在大学生每天使用网络总时长中占有较大的比重。

关于“能否接受三天不带且不使用手机”的调查表明，仅28.5%的大学生表示能接受（“非常能”和“能”之和），16.5%的大学生表示“非常不能”接受，33.3%的大学生表示“不能”接受，21.7%的大学生对此表示“不确定”。可见，手机已经成为很多大学生日常生活中必不可少的工具。

第三，大学生在课堂上使用手机上网的行为越来越普遍。手机上网在带来便利的同时，也带来一些不良影响，手机上网已成为当代高校教育管理较为关注的热点。例如，大学生在课堂上使用手机上网的行为已成为较为普遍的现象，这样的行为不仅严重影响大学生的听课效果，还会影响教师的课堂管理。笔者在2010年所做的关于“上课时间是否玩手

① 曹丹，杨清．大学生与手机互联网——福州市大学生手机上网行为与素养调查报告[J].东南传播，2009(01)：149.

机”的调查表明：高达87.4%（“经常玩”“有时玩”和“偶尔玩”之和）的大学生在上课时间会或多或少地玩手机。调查发现，手机在上课时可被大学生用于“聊天”“浏览网页”“玩游戏”“看小说”“看手机报”等。明确表示上课时不使用手机的大学生比例仅为24.3%（见图2-27）。

大学生普遍知晓手机上网带来的负面影响。调查发现，78.7%的大学生明确表示手机上网有负面影响，其主要的负面影响是“占用时间”“影响视力”“耽误学习”“分散注意力”，所占比例依次是46.4%、20.7%、7.7%、6.4%（见图2-28）。大学生对手机过分依赖的现象愈演愈烈，很多人成为“低头族”和“屏奴”，甚至有越来越多的大学生发展为手机上网成瘾。

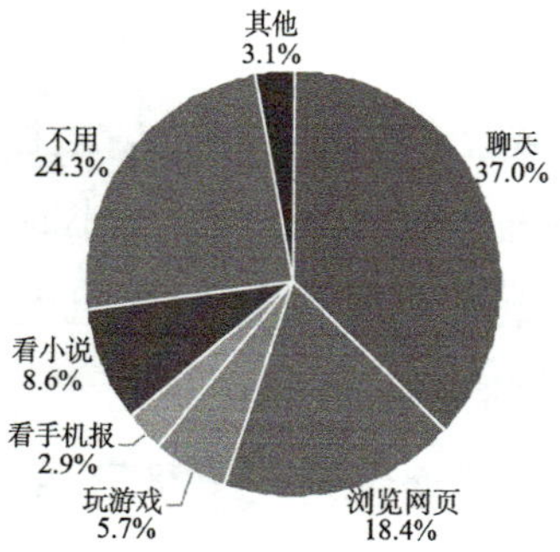

图2-27　上课时使用手机做什么

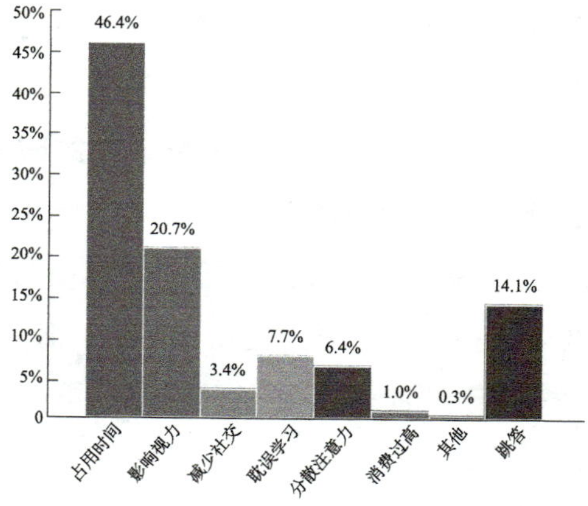

图2-28　手机上网最主要的负面影响

第四，玩手机游戏是大学生消磨时间的重要途径。随着手机互联网技术的发展、智能手机功能的开发和无线网覆盖率的提高，手机的休闲娱乐功能尤其是游戏功能，越发地被人们所关注。《第47次中国互联网络发展状况统计报告》显示，2016年12月至2020年3月，我国手机网络游戏用户规模和手机网络游戏使用率均在逐年增长，移动游戏在我国网络游戏市场持续保持占有率和营收的领先地位①。目前，大学生在手机

① 中国互联网络信息中心.第47次中国互联网络发展状况统计报告[R/OL].(2021-02-03)[2021-02-10]. http://cnnic.cn/hlwfzyj/hlwxzbg/hlwtjbg/202102/P020210203334633480104.pdf.

游戏用户群体中的占比也在不断升高。调查发现，明确表示不玩“手机游戏（包括平板电脑游戏）”的大学生比例仅为11.7%，18.0%的大学生玩手机游戏的频率较高，偶尔玩手机游戏的大学生比例是70.3%（“有时”和“很少”之和）。从数据来看，手机游戏在大学生群体中普及度较高，但不占用大学生的主要时间。大学生主要利用琐碎时间来玩闲暇娱乐性的网络小游戏。这一现状主要是由手机游戏本身的特点所决定的。与电脑相比，手机内存小、配置低，无法流畅运行角色扮演、射击等配置要求较高的游戏[①]。同时，手机屏幕的大小、电量等客观因素，也限制了手机游戏功能的开发和手机游戏的可玩性。因此，手机游戏以其操作简单、占时不长、充分利用碎片时间等特点，在大学生群体中较受欢迎，能够满足大学生利用闲暇琐碎时间休闲娱乐的需求。

（三）大学生网络行为的实证比较

不同类别的大学生对于网络媒介的意义建构和网络实践的逻辑思维是有差异的，这种差异会在很大程度上影响他们的网络行为和整个网络空间的舆论发展。基于此，本书对大学生的网络行为进行比较，研究不同性别、不同生源地，以及独生子女和非独生子女大学生网络行为的特点和差异，关注他们在网络行为价值取向上的差异性和共同性，客观地评价他们网络行为的现状。

1. 不同性别大学生网络行为的比较

一些学者对大学生的网络行为进行研究时发现，大学生的网络行为是有性别差异的，例如，与女大学生相比，男大学生有更丰富的网络经验和更高的技能水平，男生也更可能有病理性网络使用倾向[②]。为了更好地研究男女大学生网络行为的差异性，笔者以性别为分组变量，对问卷调查中有关题目进行分析。

---

① 雷硕，李亚云．浅析大学生手机游戏消费潜力[J]．中国市场，2013(33)：77.

② 陈友庆，王玲．大学生网络心理与行为的性别差异研究[J]．江苏教育学院学报(社会科学版)，2006，22(6)：26.

（1）上网时间的比较。男、女大学生中读大学以后上网时间较以前“增加了”的各占73.3%和82.9%；“平均每次上网的时间”在5个小时以上的男、女大学生比例分别是14.0%和8.7%；有过逃课上网经历的男、女大学生比例分别是30.1%和13.3%；认为自己“有网瘾”的男、女大学生比例分别是10.5%和6.3%。从调查数据来看，男、女大学生的上网时间有一定差异，男大学生比女大学生接触网络时间早，而且男大学生平均上网时间比女大学生长，有网瘾的比例也比女大学生高。

（2）网络沟通交往行为的比较。笔者以性别为分组变量，对大学生登录聊天工具或交流平台的频率进行均值比较，发现男、女大学生的平均得分分别是3.24和3.38，男大学生的平均得分小于女大学生。经独立样本t检验，发现$t=-2.617$，$p<0.05$，两者之间差异显著，表明女大学生比男大学生更频繁地登录聊天工具。

对“是否在网上隐瞒自己的真实情况”的调查结果进行独立样本t检验，发现$t=-3.956$，$p<0.001$，显示女大学生更经常隐瞒自己的真实情况。另外，对“在网络中呈现的自己与现实中是否一样”的调查结果进行独立样本t检验，发现$t=-4.863$，$p<0.001$，显示女大学生更愿意在网络中呈现与现实中一样的自己。

对男、女大学生更新个人主页的频率以及是否希望他人关注自己个人主页的调查结果进行分析发现，女大学生进行个人主页更新的频率更高（$t=-3.909$，$p<0.001$），女大学生也更加希望他人关注自己的个人主页（$t=-2.688$，$p<0.05$）（见表2-1）。

表2-1　不同性别大学生网络交往行为的比较

维度	类别	人数/人	平均分	标准差	t	p
登录聊天工具或交流平台的频率	男	694	3.24	1.148	−2.617	0.008
	女	1014	3.38	1.040		
是否在网上隐瞒自己的真实情况	男	694	2.49	1.102	−3.956	0.001
	女	1014	2.70	1.070		
在网络中呈现的自己与现实中是否一样	男	694	3.08	1.024	−4.863	0.001
	女	1014	3.31	0.917		

续　表

维度	类别	人数/人	平均分	标准差	t	p
更新个人主页的频率	男	694	2.43	1.118	−3.909	0.001
	女	1014	2.64	1.019		
是否希望他人关注自己的个人主页	男	694	3.10	0.854	−2.688	0.007
	女	1014	3.20	0.762		

综上可见，女大学生登录聊天平台、更新个人主页的频率均比男大学生高，或者说，女大学生比男大学生的网络沟通交往行为更加频繁；女大学生更愿意在网络中呈现出与现实中一样的自己，但对于不愿意透露的真实信息会更经常地予以隐瞒。

（3）网络游戏行为的比较。以性别为分组变量，对玩手机游戏（包括平板电脑游戏）的调查结果进行均值比较，男、女大学生的平均得分分别是2.69和2.59，男大学生的平均得分高于女大学生，经独立样本t检验，发现t=2.184，p<0.05，显示男大学生玩手机游戏频率更高。

对“是否会为网游充值”的调查结果进行均值比较，男、女大学生的平均得分分别是1.79和1.29，男大学生的平均得分高于女大学生，经独立样本t检验，发现t=12.162，p<0.001，男大学生较女大学生更经常为网络游戏充值。

对“是否会为了玩游戏而拒绝外出或参加朋友聚会”的调查结果进行均值比较，男、女大学生的平均得分分别是1.57和1.30，男大学生的平均得分高于女大学生，经独立样本t检验，发现t=7.705，p<0.001，男大学生更经常因为玩游戏而拒绝外出或参加朋友聚会（见表2–2）。调查发现，不玩网络游戏的男、女大学生比例分别是25.2%、41.1%，女大学生的比例远远高于男大学生的比例。

表2–2　不同性别大学生网络游戏行为的比较

维度	类别	人数/人	平均分	标准差	t	p
是否玩手机游戏(包括平板电脑游戏)	男	694	2.69	0.985	2.184	0.029
	女	1014	2.59	0.936		

续 表

维度	类别	人数/人	平均分	标准差	t	p
是否会为网游充值	男	694	1.79	0.989	12.162	0.001
	女	1014	1.29	0.712		
是否会为了玩游戏而拒绝外出或参加朋友聚会	男	694	1.57	0.820	7.705	0.001
	女	1014	1.30	0.635		

综上可见，男大学生比女大学生更经常玩网络游戏、更经常为网络游戏充值、更经常因玩游戏而拒绝外出。因此，男大学生沉溺于网络游戏的可能性更大。

（4）遵守网络道德情况的比较。以性别为分组变量，对“是否遵守网络道德”的调查结果进行均值比较，男、女大学生的平均得分分别是3.80和4.18，男大学生的平均得分小于女大学生，经独立样本t检验发现，男、女大学生在遵守网络道德方面差异显著（t=−7.735，p<0.001）；而且，在问卷调查中，男、女大学生选择“非常遵守”网络道德的比例分别是24.9%和40.8%，选择“非常不遵守”网络道德的比例分别是5.8%和3.9%，进一步说明女大学生比男大学生更加遵守网络道德。

对“是否在网络上使用言语抨击或攻击他人”的调查结果进行均值比较，男、女大学生的平均得分分别是1.59和1.31，男大学生的平均得分高于女大学生，经独立样本t检验发现，两者之间有显著差异（t=8.532，p<0.001），男大学生比女大学生更容易在网络上使用言语抨击或攻击他人。

对“在网络上是否有过行为或情绪失控”的调查结果进行独立样本t检验，发现t=6.682，p<0.001，两者之间差异显著，男大学生比女大学生更容易在网络上有行为或情绪失控的现象。

对“是否参与过网络‘人肉搜索’”“是否浏览黄色网站”的调查结果进行分析，发现男大学生更经常参加网络“人肉搜索”（t=5.188，p<0.001），男大学生更经常浏览黄色网站（t=22.173，p<0.001）（见表2-3）。

表2-3　不同性别大学生遵守网络道德情况的比较

维度	类别	人数/人	平均分	标准差	t	p
是否遵守网络道德	男	694	3.80	1.056	−7.735	0.001
	女	1014	4.18	0.952		
是否在网络上使用言语抨击或攻击他人	男	694	1.59	0.765	8.532	0.001
	女	1014	1.31	0.603		
在网络上是否有过行为或情绪失控	男	694	1.69	0.742	6.682	0.001
	女	1014	1.46	0.652		
是否参与过网络“人肉搜索”	男	694	1.44	0.857	5.188	0.001
	女	1014	1.24	0.642		
是否浏览黄色网站	男	694	2.16	0.997	22.173	0.001
	女	1014	1.22	0.612		

综上可见，男大学生比女大学生更加容易出现网络失范行为，女大学生遵守网络道德的行为更为明显。

2. 不同生源地大学生网络行为的比较

本次调查，有59.6%的大学生来自“乡镇”，18.8%的大学生来自“县城（区）”，21.6%的大学生来自“城市”。不同生源地的大学生在网络行为上的表现是否存在差异？这种差异是否显著？这种差异与地域经济发展之间是否存在某种联系？这些问题均有待对调查对象作进一步分层研究。为更加全面地了解不同生源地的大学生在网络行为上存在的差异，笔者以生源地为分组变量，对调查问卷中有关题目进行了分析。

（1）网络沟通交往行为的比较。以生源地为分组变量对大学生更新个人主页情况进行方差分析，结果为F（2，1705）=4.854，$p<0.05$，有显著差异，进一步作多重比较，发现来自乡镇的学生比来自县城（区）、城市的学生更少更新个人主页。但是来自乡镇的学生比来自城市的学生更希望他人关注其个人主页。对“是否希望他人关注您的个人主页”的调查结果进行方差分析，结果为F（2，1705）=7.919，$p<0.001$，有显著差异。

由此可见，来自乡镇的大学生更希望得到他人的关心和关注，但是在表达自我的主动性上与来自县城（区）和城市的学生相比略有不足。另外，笔者还发现来自城市的大学生比来自乡镇的大学生更多地转发过封建迷信信息，对“是否向朋友转发或传播过封建迷信类信息”的调查结果进行方差分析，结果为F（2，1705）=7.797，$p<0.001$。

（2）网络游戏行为的比较。以生源地为分组变量，对大学生玩网络游戏的情况进行方差分析，结果为F（2，1705）=4.554，$p<0.05$，有显著差异，进一步作多重比较，发现来自乡镇的大学生比来自城市的大学生更少玩网络游戏。

对“是否会为网游充值”的调查结果进行方差分析，发现来自乡镇的大学生比来自县城（区）和城市的大学生更少为网络游戏充值，方差分析结果为F（2，1705）=58.823，$p<0.001$。同时，来自乡镇的大学生更不可能为了玩游戏而拒绝外出，方差分析结果为F（2，1705）=11.954，$p<0.001$。

由此可见，来自乡镇的大学生与其他生源地的大学生相比，在网络游戏中投入的时间和金钱相对较少，网络游戏成瘾的风险相应降低，但这并不代表来自乡镇的大学生没有网络游戏成瘾的风险。相反，一些来自乡镇的大学生在上大学之前接触网络游戏的机会较少，一旦被网络游戏的新鲜感、刺激感所吸引，会更加容易沉溺于其中而无法自拔。

（3）遵守网络道德情况的比较。以生源地为分组变量，对大学生在网络上情绪或行为失控的情况进行方差分析，发现来自乡镇的大学生比其他生源地的大学生更不容易情绪或行为失控，且与来自县城（区）大学生的差异显著，方差分析结果为F（2，1705）=4.532，$p<0.05$。

对大学生在网络上使用言语抨击或攻击他人、参与网络“人肉搜索”、跟帖抨击“艳照门”和明星吸毒等热点事件、浏览黄色网站等调查结果进行方差分析，发现来自乡镇的大学生比来自县城（区）和城市的大学生更少地在网络上使用言语抨击或攻击他人，方差分析结果为F（2，1705）=6.662，$p<0.001$；更少地参与网络“人肉搜索”，方差分析结果为F（2，1705）=10.552，$p<0.001$；更少地跟帖抨击“艳照门”和明星吸毒等热点

事件，方差分析结果为$F(2, 1705)=7.572$，$p<0.001$；更少地浏览黄色网站，方差分析结果为$F(2, 1705)=6.004$，$p<0.05$。

对大学生遵守网络道德情况进行方差分析，发现来自乡镇的大学生比来自县城（区）和城市的大学生更遵守网络道德，方差分析结果为$F(2, 1705)=6.844$，$p<0.001$，有显著差异；而且，来自乡镇的大学生比来自县城（区）和城市的大学生更能接受“三天不带且不使用手机”，方差分析结果为$F(2, 1705)=14.867$，$p<0.001$。

总体来看，来自乡镇的大学生遵守网络道德的行为更为显著。

3. 独生子女与非独生子女大学生网络行为的比较

学界一直高度关注独生子女问题，对此类问题的研究涉及范围较广，得出的结论性成果也很多，例如，叶松庆对第一代独生子女大学生进行调研发现，适应性差是独生子女大学生的普遍弱点，独生子女大学生的“唯我”意识相对强烈，独生子女大学生显现“无目标状态”，等等[①]；杨涵钰认为独生子女与非独生子女大学生在综合素质方面的差异不大，不应区别对待[②]；方拴锋等学者认为非独生子女与独生子女青少年的心理健康状况相近，同样需要全社会的关爱和帮助[③]；王晓焘等学者认为城市来源和农村来源的大学生在独生子女与非独生子女的月消费差异上的表现是不同的[④]；美国学者Toni Falbo认为独生子女在心理健康状况方面与他人没有不同，在亲子关系和同辈关系方面优于他人[⑤]。随着网络的普及和大学生对网络依赖程度的加深，关于独生子女和非独生子女大

① 叶松庆. 第一代独生子女大学生的生活现状与特点[J]. 青年研究，1998(06)：39-46.

② 杨涵钰. 独生子女与非独生子女大学生综合素质比较研究[J]. 郑州大学学报（哲学社会科学版），2009，42(03)：96-98.

③ 方拴锋，经承学，王琳琳. 独生子女与非独生子女心理健康状况分析[J]. 临床合理用药杂志，2010，3(10)：49-50.

④ 王晓焘，风笑天. 城乡差异与大学生消费——独生子女与非独生子女的比较[J]. 南方人口，2012，27(06)：51-59.

⑤ Toni Falbo. 独生子女大学生的心理健康和人际关系——兼对独生子女“刻板印象”的讨论[J]. 陶艳兰，译. 广西民族大学学报（哲学社会科学版），2011，33(05)：10-14.

学生的研究不应局限于对其线下现实表现的研究，目前对独生子女和非独生子大学生网络行为的研究较少，独生子女和非独生子女大学生在网络上的行为表现是否存在差异有待进一步探讨。因此，加强对独生子女和非独生子大学生线上行为表现的研究非常有必要。

（1）网络沟通交往行为的比较。以是否独生子女为分组变量，对大学生登录聊天工具或交流平台的频率进行均值比较，独生子女、非独生子女大学生的平均得分分别是3.40和3.28，独生子女大学生的平均得分略高于非独生子女大学生，经独立样本t检验，发现t=2.088，p<0.05，两者之间差异显著，独生子女大学生比非独生子女大学生登录聊天工具或交流平台频率高。

对“是否在网上隐瞒自己的真实情况”的调查结果进行均值比较，独生子女、非独生子女大学生的平均得分分别是2.54和2.66，独生子女大学生的平均得分低于非独生子女大学生，经独立样本t检验，发现t=−2.097，p<0.05，两者之间差异显著，非独生子女大学生在网上隐瞒自己真实情况的频率比独生子女大学生高。

通过分析笔者还发现，独生子女大学生更经常更新个人主页（t=2.235，p<0.05），但是非独生子女大学生更希望别人关注自己的个人主页（t=−2.552，p<0.05），非独生子女大学生更倾向于在网络中呈现与现实中一样的自己（t=−2.806，p<0.05）（见表2-4）。

表2-4　独生子女与非独生子女大学生网络交往行为的比较

维度	类别	人数/人	平均分	标准差	t	p
登录聊天工具或交流平台的频率	独生子女	645	3.40	1.137	2.088	0.034
	非独生子女	1063	3.28	1.054		
是否在网上隐瞒自己的真实情况	独生子女	645	2.54	1.123	−2.097	0.034
	非独生子女	1063	2.66	1.064		
在网络中呈现的自己与现实中是否一样	独生子女	645	3.13	1.003	−2.806	0.005
	非独生子女	1063	3.27	0.944		
个人主页的更新频率	独生子女	645	2.63	1.088	2.235	0.026
	非独生子女	1063	2.51	1.049		

续 表

维度	类别	人数/人	平均分	标准差	t	p
是否希望他人关注自己的个人主页	独生子女	645	3.09	0.846	−2.552	0.011
	非独生子女	1063	3.20	0.773		

综上可见，独生子女大学生的网络沟通交往行为比非独生子女大学生频繁，但非独生子女大学生更希望在网络上得到他人的关注。

（2）网络游戏行为的比较。以是否独生子女为分组变量，对“是否玩手机游戏（包括平板电脑游戏）”的调查结果进行均值比较，独生子女和非独生子女大学生的平均得分分别是2.72和2.58，独生子女大学生的平均得分高，经独立样本t检验，发现$t=2.994$，$p<0.05$，表明独生子女大学生更经常玩手机游戏或平板电脑游戏。

对“是否会为网游充值”的调查结果进行均值比较，独生子女和非独生子女大学生的平均得分分别是1.72和1.35，独生子女大学生的平均得分高，经独立样本t检验，发现$t=8.865$，$p<0.001$，表明独生子女大学生更经常为网络游戏充值；同时，分析结果显示，独生子女大学生更加容易为了玩游戏而拒绝外出或参加朋友聚会，独立样本t检结果是$t=3.579$，$p<0.001$（见表2–5）。

表2–5 独生子女和非独生子女大学生网络游戏行为的比较

维度	类别	人数/人	平均分	标准差	t	p
是否玩手机游戏（包括平板电脑游戏）	独生子女	645	2.72	1.020	2.994	0.003
	非独生子女	1063	2.58	0.913		
是否会为网游充值	独生子女	645	1.72	1.016	8.865	0.001
	非独生子女	1063	1.35	0.734		
是否会为了玩游戏而拒绝外出或参加朋友聚会	独生子女	645	1.49	0.799	3.579	0.001
	非独生子女	1063	1.36	0.677		

综上可见，独生子女大学生在网络游戏中投入的时间和金钱比非独生子女大学生多。

（3）遵守网络道德情况的比较。以是否独生子女为分组变量，对

“是否遵守网络道德”的调查结果进行均值比较，独生子女和非独生子女大学生的平均得分分别为3.93和4.08，非独生子女大学生的平均得分高，经独立样本t检验，发现非独生子女大学生比独生子女大学生更加认为自己遵守网络道德（$t=-3.014$，$p<0.05$）。

对大学生在网络论坛中行为的调查结果进行分析，结果显示，独生子女大学生更容易在网络上使用言语抨击或攻击他人（$t=3.375$，$p<0.001$）；更多地参与网络“人肉搜索”（$t=3.052$，$p<0.05$）；更加认为“很黄很暴力”“妈妈再打我一次”等网络语言有趣（$t=3.596$，$p<0.001$）；在“艳照门”、明星吸毒等热点事件讨论中跟帖抨击的频率更高（$t=2.346$，$p<0.05$）。

对大学生浏览黄色信息行为的调查结果进行分析，结果显示，独生子女大学生更经常浏览黄色网站（$t=6.297$，$p<0.001$），也更加容易在使用手机上网时被动地浏览色情信息（$t=4.045$，$p<0.001$）（见表2-6）。

表2-6　独生子女和非独生子女大学生遵守网络道德情况的比较

维度	类别	人数/人	平均分	标准差	t	p
是否遵守网络道德	独生子女	645	3.93	1.048	−3.014	0.003
	非独生子女	1063	4.08	0.987		
是否在网络上使用言语抨击或攻击他人	独生子女	645	1.49	0.771	3.375	0.001
	非独生子女	1063	1.38	0.628		
是否参与过网络“人肉搜索”	独生子女	645	1.39	0.852	3.052	0.002
	非独生子女	1063	1.27	0.665		
如何看“很黄很暴力”“妈妈再打我一次”等网络语言	独生子女	645	2.44	1.040	3.596	0.001
	非独生子女	1063	2.26	0.972		
是否在“艳照门”、明星吸毒等事件中跟帖抨击	独生子女	645	1.44	0.742	2.346	0.019
	非独生子女	1063	1.35	0.682		
是否浏览黄色网站	独生子女	645	1.78	1.006	6.297	0.001
	非独生子女	1063	1.50	0.839		
在使用手机上网时是否被动地浏览过色情信息	独生子女	645	2.06	0.981	4.045	0.001
	非独生子女	1063	1.87	0.916		

综上可见，独生子女大学生比非独生子女大学生更加容易出现网络行为失范，独生子女大学生在遵守网络道德方面没有非独生子女大学生明显。

此外，笔者还以家庭经济状况、专业等为分组变量对有关数据进行了处理和分析。例如，以专业为分组变量进行分析，数据显示，艺体类大学生比文科、理科、工科、医学类四个专业的大学生更经常参与网络“人肉搜索”，方差分析结果为 $F(5,\ 1702)=4.540$，$p<0.001$；医学类大学生比文科、理科、艺体类及其他专业大学生更经常玩手机游戏或平板电脑游戏，文科大学生比工科、艺体类及医学类大学生更少玩手机游戏或平板电话游戏，方差分析结果为 $F(5,\ 1702)=5.202$，$p<0.001$；文科大学生相对理科、工科及艺体类大学生更少地为网络游戏充值，而艺体类大学生相对文科、理科、工科和医学类四个专业的大学生更多地为网络游戏充值，方差分析结果为 $F(5,\ 1702)=11.316$，$p<0.001$。艺体类大学生相对而言更不遵守网络道德，方差分析结果为 $F(5,\ 1702)=2.923$，$p=<0.05$。

当以家庭经济状况为分组变量进行分析时发现，家庭经济不困难大学生比其他大学生更经常登录聊天平台，方差分析结果为 $F(3,\ 1704)=11.197$，$p<0.001$；更经常更新自己的个人主页，方差分析结果为 $F(3,\ 1704)=7.033$，$p<0.001$；更经常玩手机游戏或平板电脑游戏，方差分析结果为 $F(3,\ 1704)=4.095$，$p<0.05$；更经常为网络游戏充值，方差分析结果为 $F(3,\ 1704)=11.198$，$p<0.001$。家庭经济困难的大学生比不困难的大学生更容易在网络上有行为和情绪失控问题，方差分析结果为 $F(3,\ 1704)=3.058$，$p<0.05$。

二、大学生网络行为的主要特点与基本趋势

（一）大学生网络行为的主要特点

综观大学生网络行为的现状，总体上朝着健康、自制、遵循规范的

方向发展，但也存在一些不容忽视的问题，主要是网络行为失范。对大学生网络行为的主要特点进行研究，有利于了解大学生网络行为发展和变化的本质。随着时代的发展和科技的进步，作为大学生与网络交织的产物，大学生网络行为除了具备人类社会行为的共性特点外，还被烙下了深深的时代特征，其网络行为的内容、动机、目标等与大学生现实社会中的行为相比又有显著差异。大学生的网络行为主要有共性与个性并存、理性与任性交织、认知与行为偏离、趋同与差异兼容等特点。

1. 共性与个性并存

工具性的网络行为和情感性的网络行为是按照行为的取向对网络行为进行的分类。

工具性的网络行为指的是工具性取向的网络行为，即网络行为主体以理性方式获取信息、资料、工具使用等网络资源的行为。大学生在日常学习过程中，工具性取向的网络行为占主导地位，网络主要被用于搜索信息、查阅资料等，主要体现为满足大学生的日常学习需要，此时的网络仅仅是一种搜索和查询的工具。网络的工具性需求是大学生的共性需求，他们工具性的网络行为并无大的差异，基本上是一致的。

情感性的网络行为指的是情感性取向的网络行为，以获得他人对自己网络身份和地位的认同，以及对自己未来行为的认可为目的，从而满足其情感上的需要或者获取愉悦感。大学生个性化凸显、追求新鲜与刺激，其个性化主要体现于情感性的网络行为之中。大学生已将网络当作日常沟通交流和休闲娱乐的平台，他们对网络的情感类需求是不同的。行为由一定的需求所支配，不同需求背景下的网络行为也是不一样的。因此，大学生情感性的网络行为因主体不同的情感需求而有所不同，具备个性化特征，呈多元化发展。

可见，大学生工具性的网络行为基本一致，对网络的工具性需求是他们的共性需求；大学生情感性的网络行为则呈个性化、多元化发展。两种网络行为共同存在，互不排斥。

2. 理性与任性交织

理性网络行为主要是指行为主体在网络中遇到问题时能够做到全面地了解、理智地看待和客观地分析，对问题所发表的意见和所采取的行动客观公正，以达到解决实际问题的效果，是基于理性的思维和科学的规律所作出的行为。任性网络行为主要是指行为主体在分析和讨论网络问题或事件的过程中情绪化、偏激化、盲从化地表达自己的观点并实施自己的行为，是基于单一的感性认知和情绪化思维所作出的行为，例如网络“人肉搜索”、谩骂和攻击他人、留言炒作等都属于任性网络行为。网络在提供自由、广阔行为场域的同时，也容易制造各种矛盾和冲突。对于世界观、人生观和价值观尚不成熟的大学生来说，他们在网络社会中经历种种考验，他们理性的网络行为与任性的网络行为不断交织。

大学生的网络行为有理性也有任性，对于理性与任性究竟谁代表大学生网络行为的总体发展趋势难以界定，不同的学者有不同的观点。有学者指出，网络争论呈现非理性化发展，显示出人们在网络社会中科学理性思维的缺乏①。大学生任性的网络行为表现最突出的是不太理性地参与网络讨论。大学生参与网络讨论的行为本身不存在个人私怨或主观恶意，纯粹是为了表达观点，个别大学生却容易被一些碎片化的新闻消息、部分网友不负责任的言论或社会不良舆论所误导，导致出现谩骂、攻击、恶搞、“人肉搜索”等侵犯他人权益和隐私的行为。以网络“人肉搜索”为例，大学生参与其中的初衷是揭露不良现象、净化社会风气，有10.4%的大学生认为网友“人肉搜索”“虐猫事件”女主角的行为是“正义行为”，1.5%的大学生认为这一行为是“有趣”的，28.2%的大学生对此表示“无所谓”，33.0%的大学生对此表示“不支持”，26.9%的大学生对此表示“厌恶”。但是，大学生应区分正当舆论监督和侵犯他人隐私，谨慎把握其中的度，不要将善意的初衷演变为任性的行为。也有学者认为，大学生网络行为存在着一个由非理性向理性的回归过程，

① 祝华新，刘鹏飞，单学刚.2012年网络舆论新特点[J].国土资源导刊，2013(03)：47.

最终回归理性[①]。

在网络事件发生初期，各种声音混杂于网络，个别大学生对于网络事件的了解不够深入，经常是听一半、理解四分之一、零思考，在这样的情况下却产生双倍反应，最终导致非理性的判断和行为活动。但是随着事件自身的发展及人们讨论的深入，理性客观的声音会逐渐增强，大学生的任性行为也将回归至理性。

此外，大学生也会通过自己的行为在网络中传递正能量，他们经常通过网络发起捐款捐物、志愿服务、义务支教等公益活动，为社会和国家做自己能做的和应该做的事情。以汶川大地震为例，地震发生后，许多大学生在网络中招募志愿者，发起各种支援活动，除了真挚感情的流露和表达外，全社会还看到了大学生的坚持、奉献、责任、爱心，以及他们的理性。

在网络中，理性行为与任性行为的交织不可避免，也将一直存在。大学生网络行为如何由任性回归理性，不仅与大学生自身的网络思想道德素质有关，还与网络社会建设、社会舆论导向、学校教育引导以及大学生群体的努力等有关。

3. 认知与行为偏离

大学生网络认知和网络行为脱节的现象较为普遍，即部分大学生在网络空间知行不一。调查发现，78.7% 的大学生认为手机上网有负面影响，说明大学生明确认识到手机上网所带来的“占用时间”（46.4%）、“影响视力”（20.7%）、“耽误学习”（7.7%）、“分散注意力”（6.4%）、“减少社交”（3.4%）等方面的不良影响。但是关于“能否接受三天不带且不使用手机”的调查显示，有 49.8% 的大学生表示无法接受（“非常不能”和“不能”之和），仅 28.5% 的大学生表示能接受（“非常能”和“能”之和），余下 21.7% 的大学生表示“不确定”。调查还发现，有 24.6% 的大学生手机保持时刻联网。部分大学生对沉溺于手机上网的危

① 孙凤，郑欣．理性与非理性之辨：网络集群行为的产生及其演变[J]．南京邮电大学学报（社会科学版），2009，11（03）：41-49.

害已有明确认知，日常却又离不开手机，这是大学生在网络空间知行不一的重要表现。

在现实社会中，接受了多年教育的大学生已具备了一定的思想道德素养，对社会道德也有一定的认知，并能按照已有道德认知来指导和规范自己的言行。但是网络社会不像现实的“熟人社会”，在网络空间中，每一个存在都可能是虚拟的或匿名的，传统的道德认知被虚拟社会逐渐消解。对于部分大学生而言，他们缺乏一定的“建立网络道德的知识和经验”①，网络空间道德意识的淡化和行为失范，给大学生带来的直接后果可能是道德认知和行为的偏离，以及游戏的、不负责任的网络心态的滋生。例如，大学生深知浏览色情信息是不道德的行为，但调查发现，明确表示自己“从未”浏览过黄色网站的大学生比例是61.6%，而且仅22.8%的大学生认为身边的同学或朋友没有浏览过黄色网站，可见浏览网络黄色信息的大学生仍占有一定的比例。这是大学生在网络空间知行不一的又一表现。

再以网络诚信为例。“人无信则不立”，大学生普遍认同诚信是中华民族的传统美德，是培育和践行社会主义核心价值观的道德基础，是个人必须具备的道德品质，是与他人和谐相处的基本要求。然而，关于“是否在网上隐瞒自己的真实情况”的调查显示，仅17.2%的大学生表示“从不”隐瞒自己的真实情况。此外，个别大学生还有网络学术造假、散布网络虚假消息、网络诈骗等网络不诚信行为。在网络空间，彼此间信任的缺乏、安全感的缺失，以及主体不在场、匿名性等原因，容易导致部分大学生网络诚信缺失，造成网络空间的知行不一。

4. 趋同与差异兼容

大学生是网民群体的主体，他们以其在网络空间的行为方式诠释了网络对于他们的重要意义。网络是大学生日常生活学习的重要组成部分，也是他们休闲娱乐的重要方式，他们使用手机发布信息，使用QQ、

① 李正良，李大立．论大学生网络行为特征[J].湖南工程学院学报，2002，12(01)：73.

微信等聊天工具进行交流，浏览网页、更新个人主页、网络购物、听音乐、看电影等都离不开网络。从调查结果来看，大学生最钟爱的上网地点是“寝室”，“移动上网”成为越来越普遍的上网方式，上网做得最多的事情是“聊天”，上大学以后的上网时间较以前“增加了”，多数大学生选择遵守网络道德，交流性网络行为及工具性网络行为在大学生群体中的差异较小，等等，这些在一定程度上体现了大学生的网络价值取向和行为方式的趋同。

大学生网络行为的差异性也十分显著。来自不同地区、不同年级、不同性别、不同家庭经济情况或者不同年代的大学生对于网络的认识、网络实践的逻辑及网络行为习惯等均存在差异。这种差异性在很大程度上影响着大学生网络行为的发展方向。

第一，大学生网络行为的性别差异，主要表现为男大学生网络行为失范的发生概率高于女大学生。男大学生和女大学生之间存在自然的生理差异，加之男、女大学生计算机技术的熟练程度不同、兴趣爱好及交友范围不同等，造成在网络互动过程中的性别差异。

男、女大学生在网络中，具有不同的在线行为风格和沟通道德规范[①]。调查发现，男大学生网络行为失范的可能性明显比女大学生高。例如，男大学生“网恋”的比例（11.0%）高于女大学生（7.5%），男大学生在网络中呈现的自己与现实中不一致的比例（28.6%）比女大学生（18.0%）高，男、女大学生“从不”“在网络上使用言语抨击或攻击他人”的比例分别是54.9%、75.1%，男、女大学生“从未”浏览过黄色网站的比例分别是26.5%、85.6%。此外，男大学生网络游戏行为的攻击性也比女大学生强。由此表明，大学生网络行为失范的性别差异真实存在，网络使用中的性别差异无法根本消除[②]。

第二，大学生网络行为的年级差异，主要表现为随着年级的增长大

① 郑中玉.网络互动的性别差异：从“原型”到“表现”[J].黑龙江社会科学，2009(02)：142.

② 周兴生.大学生网络使用的性别差异分析[J].青年探索，2014(01)：68.

学生网络行为越加失控。调查发现，随着年级的增长，逃课上网的大学生在逐渐增加，一年级至毕业年级有“逃课上网”经历的大学生的比例依次是16.5%、18.8%、24.4%、24.5%（见表2-7）。这一现象与高校自主学习的特点有很大的关系。随着年级的增长、对课堂学习纪律的日益了解及对课堂管理规律性把握的“驾轻就熟”，大学生课堂表现的随意性逐渐增大，对网络的依赖性也逐渐增加，“逃课上网”的比例呈上升趋势。

表2-7　是否有过逃课上网的经历

选项	一年级		二年级		三年级		毕业年级	
	频数/人	频率	频数/人	频率	频数/人	频率	频数/人	频率
有	100	16.5%	85	18.8%	94	24.4%	65	24.5%
没有	506	83.5%	367	81.2%	291	75.6%	200	75.5%
合计	606	100%	452	100%	385	100%	265	100%

第三，有无个人电脑的大学生网络行为的差异，主要表现为有个人电脑的大学生不论是电脑上网还是手机上网的频率都相对较高。调查发现，75.9%的大学生拥有个人电脑。拥有个人电脑之后上网会变得更加便捷，大学生使用网络的时间也会相应地增加。关于“平均每次上网的时间”的调查显示，“有个人电脑”的大学生平均每次上网时间在3小时以上的比例是42.6%，“没有个人电脑”的大学生平均每次上网时间在3小时以上的仅为24.5%（见图2-29）。拥有个人电脑的大学生平均每次上网的时间明显比没有个人电脑的大学生多。

同时，大学生使用手机上网的时间不会因使用电脑上网时间长而有所减少。这不仅与手机上网自身所拥有的特点有关，还与大学生用网习惯及沉溺于网络的状况有关。调查表明，拥有个人电脑的大学生接触网络的时间较没有个人电脑的大学生早，在小学前和小学阶段就已经开始接触网络的大学生的比例分别是39.8%、25.3%（见图2-30）。偏爱上网的、拥有个人电脑的大学生，不会因为使用个人电脑更加方便、电脑上网投入时间多而减少手机上网的时间，相反，他们的手机“时刻联网”

和上网时间在“3小时以上”的比例均较高，而且无法接受“三天不带且不使用手机”的大学生比例也较高（见图2-31和图2-32）。

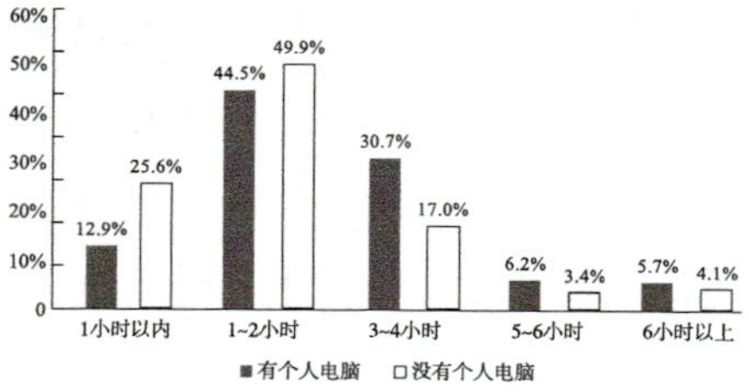

图2-29　平均每次上网时间（电脑）

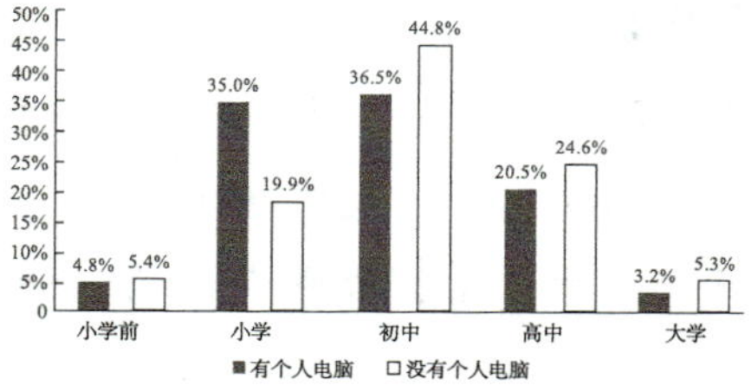

图2-30　从何时开始接触网络

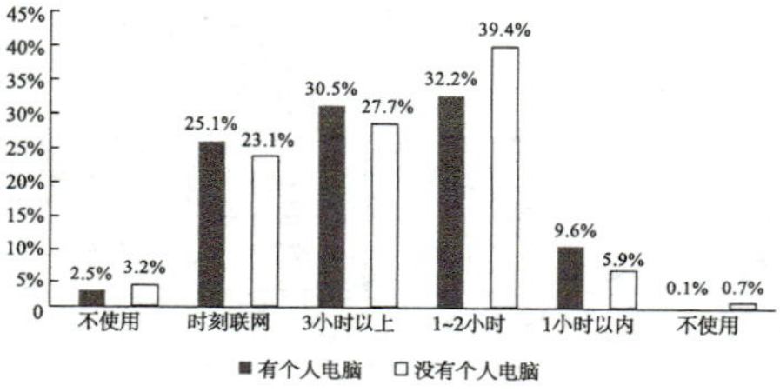

图2-31　平均每天用手机上网的时间

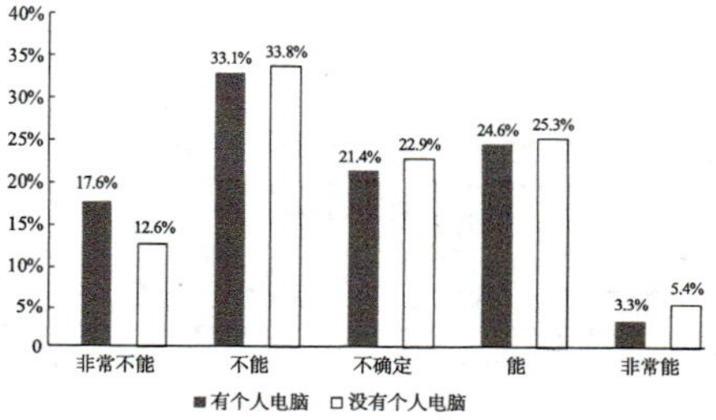

图2-32　能否接受三天不带且不使用手机

（二）大学生网络行为发展的基本趋势

1. 发展方向因时而变

大学生是我国网民群体的重要组成部分，他们在网络空间中有较高活跃度、熟练掌握网络技术、拥有一定的知识储备，他们是青年网民群体的代表，其网络行为的发展方向在很大程度上代表了青少年群体网络行为的发展方向。然而，大学生也是社会人，其身心发展过程是其逐渐社会化的过程。无论是在现实社会中，还是在虚拟的网络世界中，大学生都无法避免社会主流因素对他们的影响，他们网络行为的主要发展方向与整个社会网民网络行为的发展方向一致，不会出现大的偏离。

关于“是否遵守网络道德”的调查显示，“不遵守”和“非常不遵守”的大学生占少数，比例分别是4.1%和4.7%，表示“非常遵守”“遵守”和“不清楚”的大学生比例分别是34.4%、47.4%和9.4%。关于网瘾的调查表明，80.0%的大学生明确表示自己“没有”网瘾。可见，多数大学生有网络道德意识，能够认清自己在网络空间的行为，并能够正确把握行为方向，控制上网时间。可以说，整个社会的网络行为主流趋势及网络道德现状，培养并塑造了大学生群体的行为习惯，大学生的网络行为也总是在社会因素的影响和制约下不断调整，发展方向因时而变。

2. 遵规意识不断强化

多数大学生认为网络“人肉搜索”、网络语言暴力等是侵犯他人隐私和权益的行为，对于“应该通过立法来规范‘人肉搜索’和网络语言等”这一说法，57.0%的大学生明确表示“同意”（“非常同意”与“同意”之和）；对于“网络力量越来越被滥用”这一说法，10.3%的大学生表示“非常同意”，45.8%的大学生表示“同意”，32.2%的大学生表示“中立”，余下9.5%和2.2%的大学生分别表示“不同意”和“非常不同意”；对于“‘网络暴力’挑战了传统社会的道德和法律底线”这一说法，9.1%的大学生表示“非常同意”，46.6%的大学生表示“同意”。从以上调查结果来看，大学生在网络行为过程中逐渐养成了一定的道德规范，他们的网络遵规意识不断得到强化。

随着年龄的增长，大学生的心智逐渐成熟，对自我的把控能力在增强；随着对网络了解的增多和用网的不断深入，大学生对网络空间的行为规则愈加了解，他们在不知不觉中形成了一定的自控能力，他们的网络遵规意识不断得到强化。网络遵规意识以网络道德规范为基础。在网络社会中，大学生与形形色色的人接触和交流，他们之间不同的道德观念在不断的碰撞和磨合中得以共存，最终形成了被大家普遍认同并自觉遵守的网络道德规范。另外，大学生在一些网络技术的应用和活动中充当主力军、开路者和领路人等角色，表现最为突出的是在网络游戏中担任团长、在BBS和贴吧中担任版主等。他们在这些领域中有非常高的活跃度，同时具备一定的号召力和较强的组织能力，一些大学生甚至是其活跃领域中网络规则的制定者，他们在实践中不断引领新的网络价值观念并制定新的网络行为规则。

3. 手机上网日渐盛行

手机从一开始的奢侈品发展成现在的大众消费品，逐渐改变了人们的生活方式和交际方式。随着互联网技术的日臻完善，手机的功能定位已远远不止通话和发信息这些即时通信功能，它还作为一种新的移动个人多媒体终端，成为备受大家喜爱的新的上网方式。前文已介绍，截至2020年12月，我国手机网民规模达9.86亿人，网民中有99.7%的人使用手机上网。大学生对新媒体有较强的接受能力和运用能力，他们是手机网民的重要组成部分。与电脑终端相比，虽然手机上网存在如费用偏高、网速稍慢、信息量受限等不足，但其以特有的时尚性、互动性与便捷性等特点受到了众多大学生的追捧，成为大学生网络应用的一个重要方面。笔者2010年的调查显示，85.9%的大学生手机能够上网，仅13.5%不能上网，0.6%不确定能不能上网；大学生使用手机上网的频率也相当高，56.1%的大学生表示“经常使用手机上网”（见表2-8）。本次对1708名大学生的调查结果显示，96.3%的大学生使用手机上网，仅3.7%的大学生不使用手机上网，大学生手机能够上网的比例增加了10.4%。可见，大学生手机上网的比例较高。

表2-8　2010年关于大学生使用手机上网情况的调查结果

问题	是否有手机		
	有	没有	其他
频率	98.6%	1.1%	0.3%

问题	手机是否能够上网		
	能	不能	不知道
频率	85.9%	13.5%	0.6%

问题	是否使用手机上网			
	经常	不经常	很少	从不
频率	56.1%	21.9%	11.9%	10.1%

然而，手机上网是一把“双刃剑”，在带来便利的同时也带来很多负

面影响。例如，手机容易刺激学生的攀比消费心理，对高校正常教学秩序产生一定冲击，影响大学生个性和心理发展等[①]。笔者2010年所做的关于“上课时间是否玩手机”的调查显示，11.6%的大学生“经常玩”，45.4%的大学生“有时玩”，选择“偶尔玩”“从不玩”和“其他”的大学生比例是依次是30.4%、11.1%和1.5%。本次对1708名大学生的调查结果显示，学生上课时主要使用手机“聊天”“浏览网页”“看小说”，所占比例依次是37.0%、18.4%和8.6%。另外，不论是2010年的调查还是本次调查，结果均显示，手机上网会对大学生的生活和学习产生一定的影响（2010年的调查数据见表2-9）。

表2-9　手机对大学生生活和学习的影响（2010年）

选项	手机对生活的影响			手机对学习的影响		
	频数/人	频率	排序	频数/人	频率	排序
影响很大	35	4.9%	6	37	5.2%	5
有少许影响	302	42.5%	1	338	47.5%	1
没有影响	214	30.1%	2	230	32.4%	2
有很大帮助	41	5.8%	4	25	3.5%	6
有一定帮助	81	11.4%	3	42	5.9%	3
不知道	38	5.3%	5	39	5.5%	4
合计	711	100%		711	100%	

资料来源：朱琳．当代大学生网络行为的基本趋势与引导对策研究[J]．阜阳师范学院学报（社会科学版），2015(02)：77-80.

本次对1708名大学生调查的结果显示，78.7%的大学生明确表示手机上网有负面影响，手机上网所带来的负面影响主要表现为“占用时间”（46.4%）、“影响视力”（20.7%）、“耽误学习”（7.7%）、“分散注意力”（6.4%）、“减少社交”（3.4%）等。随着手机的普及和网络技术的发展，部分大学生对手机产生了强烈的依赖性，他们无时无刻不在玩手

① 楼锡锦，沈黎勇，林博峰．大学生使用手机状况研究报告——以浙江大学宁波理工学院为例[J]．中国青年研究，2009(02)：75-76.

机，他们被形象地称为“低头族”和“屏奴”。有学者指出：大学生对手机过分依赖，使他们成为手机的“奴隶”，甚至越来越多的青年学生开始被手机成瘾所困扰[①]。大学生手机上网日渐盛行，部分大学生手机上网成瘾成为他们网络行为的新问题。

4. 网络沟通日益增多

沟通行为指的是两个或两个以上的人相互之间交换与传递信息的行为。沟通是人类生活中最普遍、最重要的行为，是人际交往中传递思想、表达情感的重要手段。人类的沟通从最初的肢体接触逐步发展为言语交流、书信往来、电话短信等，再发展为今天的网络沟通，是一个现代化的发展过程。在信息技术的支持下，网络使得人们之间的沟通交流更加直接，它提供了更加便捷和宽广的沟通平台，人们的沟通行为也随之变得更加便捷、即时和畅通，可供选择的沟通途径和平台也越来越多，主要有电子邮件、微信、QQ、社交网站、网络论坛等。网络沟通以多对多的沟通交流模式，广阔的交际范围，惊人的信息量，同步共享声音、图像、视频等信息资源，沟通成本低，不受时空限制等优点，深受大学生的喜爱和推崇。

大学生以网络为平台，通过网络活动建立起与现实社会中不同的虚拟关系，可以和来自不同国家的任何肤色的网民进行交流和信息传播。大学生较为推崇“快文化”，网络沟通正好满足了他们的需求。笔者2010年关于“上网主要做什么”的调查显示，有28.0%的大学生选择“聊天”。后来笔者又增加了问卷选项，做了补充调查，选择“聊天”的大学生仍然排第一位。一方面，在物质越来越丰富的今天，网络沟通或许在一定程度上满足了大学生精神层面的需求，有利于大学生真实情感的表达，逐渐成为他们传播信息、交流情感的重要领地。另一方面，网络沟通减少了人与人之间面对面的直接接触，不利于人与人之间情感的培养；网络沟通的多元性、虚拟性及匿名性，不利于人们之间信任关系

① 周喜华.大学生手机成瘾的探究[J].教育与教学研究,2010,24(04):16.

的建立；网络空间的过于自由，使得少数大学生过度释放情感，在一定程度上过于放大其非理性情绪在网络中的表达。无论大学生上网的目的是什么，网络行为有什么利弊，网络沟通行为都在逐渐增多并将进一步增多。

5. 个性特征愈加凸显

个性指的是大学生个体在网络空间区别于其他群体的表现，是大学生在行为过程中所表现出的与众不同的心理活动和行为方式。大学生的思想意识呈多元化发展态势，他们行为过程中道德和价值的选择性在不断增强，愈加表现出一定的自我特点。与现实中强调共性发展和统一标准的群体一致性活动相比，大学生在网络空间的行为更为自主，而行为的自主性是个性化的核心内容和重要表现。大学生网络行为的群体化倾向在逐渐减弱，表现出了越来越明显的个性化倾向。而且大学生在网络空间的行为动机和行为目标各不相同，其网络行为的模式也随之表现出诸多变化。以大学生网络论坛行为为例，大学生在论坛中表现出极大的活跃性，对社会热门事件和国际国内形势给予了高度关注，多数学生能够正确对待网络热点事件的发展态势，理性参与群体性讨论。但是也有少数大学生在网络热点事件的讨论中表现出过度的情绪化，过于激动，甚至参与到非理性活动之中。例如，在此次调查中，有7.4%的大学生“在网络上使用言语抨击或攻击他人”的频率较高，9.0%的大学生参与网络“人肉搜索”的频率较高，10.4%的大学生认为网友“人肉搜索”“虐猫事件”女主角的行为是“正义行为”。大学生诸如此类的行为选择虽然不够理性，但是应该辩证地去看待，这是大学生年轻的表现，是不同大学生对同一事件的多样化的选择和处理，是他们道德行为个性化选择的表现。

另外，网络有利于大学生个性的张扬。网络空间特有的交互性、开放性和即时性，恰好满足了大学生喜欢标新立异和不受拘束的特性，给了他们相对独立的广阔空间，提高了他们行为的主动性和创造性。大学生对网络中的新鲜事物有强烈的好奇心，勇于接受和挑战新鲜事物，积极投身于网络新鲜事物的开创和应用之中；他们还具有批评精神，能够独立自主地对网络问题进行思考，并且敢于向权威挑战。大学生网络行为的主动性和创造性在不断提升，这是他们主体性和个体性的突出表现，反映出更加明显的个性特征。

6. 行为失范持续存在

前文已详细阐述了大学生网络行为失范的主要表现，在此不再赘述，仅对大学生网络成瘾略作分析。

在大学生中最常见的行为失范是网络成瘾。网络成瘾是指网络使用者不可自制地反复使用网络或从事网络活动。网络成瘾的大学生比无网络成瘾的大学生在网络信息、网络游戏、网络交往、网络交易等方面会投入更多的时间和精力，尤其表现在网络游戏上。网络成瘾者的典型表现是生物钟紊乱、睡眠障碍、情绪低落、思维迟缓、社会活动减少、自我评价降低等，严重的甚至会产生自杀的意图或行为[①]。大学生网络成瘾者被网络空间的生活方式所吸引，在网络空间中花费越来越多的时间和精力，甚至忽略现实中的生活和学业。调查结果表明，79.0%的大学生表示“读大学之后的上网时间较以前”“增加了”；关于“平均每次上网的时间”的调查显示，每次上网时间在4小时以上的比例为10.8%；8.0%的大学生明确表示自己有网瘾。大学生网络成瘾依然是影响大学生身心健康和学业发展的重要“杀手”，这种常见的网络失范行为将在一定时间内持续存在。

大学生网络行为的主流是好的，朝着健康、自制、遵循规范的方向发展，他们的网络道德意识、网络自律意识以及网络法律意识都在逐渐养成，但是这并不代表大学生的网络行为没有问题。在高度开放的网络空间，形形色色的网民活跃于其中，形成了一个鱼龙混杂的纷繁世界，而且网络空间暂未形成健全的规范体系。因此，在使用网络的过程中，一些任意妄为、不守纪律、违反道德甚至触犯法律的现象偶有发生。一

① 梅松丽.大学生网络成瘾的心理机制研究[D].长春：吉林大学，2008：15.

方面，一些大学生因自制力差而容易受他人影响；另一方面，一些大学生的自我约束力和网络道德意识还有待进一步加强，因此网络行为失范在一定时期内将持续存在。

第三章　大学生网络行为失范的主要表现与成因分析

网络的广泛使用深刻地改变了大学生的学习、生活、思维方式及思想观念，在给他们带来快捷便利的同时，也不可避免地带来一些负面影响。中国互联网络信息中心发布的《第35次中国互联网络发展状况统计报告》显示：网民对互联网的依赖的比例随学历增长而增长，大学本科及以上学历的网民中有63.9%的人比较或非常依赖互联网[①]。可以说，学历越高对互联网依赖的可能性就越大。当前部分大学生沉迷于网络已经是一个不争的事实[②]。本章将在前文分析的基础上，对大学生网络行为失范的主要表现及其成因进行分析。

一、大学生网络行为失范的主要表现

从大学生使用网络的现状来看，大学生网络行为失范主要表现为传播非主流意识形态、扩散网络不良资讯、浏览网络黄色信息、沉迷网络游戏、实施网络暴力、滥用网络语言、侵犯网络知识产权，以及参与网络犯罪等方面。

（一）传播非主流意识形态

随着信息技术的发展和网络媒体的日渐普及，报纸、广播、电视等

① 中国互联网络信息中心.第35次中国互联网络发展状况统计报告[R/OL].(2015-02-03)[2021-02-10]. http://www.cac.gov.cn/files/pdf/hlwtjbg/hlwlfzzktjbg035.pdf.

② 吕晓峰，王英.大学生网络行为失范及其应对策略[J].教育探索，2010(06)：118.

传统媒体的生存环境及传播格局发生了根本性变化，传统媒体也面临着巨大挑战，甚至逐渐失去其传播主流意识形态的绝对主导地位。取而代之的则是论坛、博客、微博、QQ、微信等网络路径，它们在现代信息传播中起着至关重要的作用，逐渐成为意识形态表达的新空间。对于现代人尤其是大学生来说，网络是他们接受主流意识形态教育的重要平台。但是全球化对意识形态所带来的冲击是前所未有的，如今的网络已成为意识形态领域争夺人才的主战场，西方敌对势力甚至妄图通过这个战场来赢得青年、“扳倒中国”。网络空间存在各种良莠不齐、夹杂着政治色彩的非主流意识形态，西方敌对势力通过非主流意识形态的渗透诱导和蛊惑涉世不深、辨别力不强的大学生，使得一些大学生掉入非主流意识形态的陷阱，成为非主流意识形态在网络空间的主动传播者和西方敌对势力的间接“帮凶”。

在网络空间中，一些大学生缺乏理性地发表不利于国家发展和民族团结的错误言论，或者肆意地对当今社会发表不符合实际的观点、表达不当的政治立场，又或者情绪化地抨击社会热点事件及事件当事人。可以说，他们中有些人的网络发声是不负责任的，他们的反对和不满也是没有任何根据的，是情绪化的表达和发泄，最突出的表现是凡是主流意识形态所倡导和支持的，就会遭到他们的反对、嘲弄。例如，有学生质疑老师讲的邱少云的事迹违背生理学常识。其质疑的逻辑来自他更加相信网络中他人所谓“生理学和医学分析”，诸如此类的还有“黄继光堵枪眼不合理，刘胡兰系被乡亲所杀，雷锋日记全是造假，狼牙山五壮士其实是土匪”①等网络恶搞文化。这种历史虚无主义和抹黑英雄恶搞历史的现象在网络中偶有发生，吸引了一些大学生的参与并引发激烈讨论，甚至会有个别精神信仰迷失的大学生把它们当作时尚竞相跟风传播。

---

① 蒋波.抹黑英雄恶搞历史成网络公害[N].人民日报,2015-06-25(23).

（二）扩散网络不良资讯

扩散网络不良资讯是指部分大学生在网络空间散布或传播具有虚假、错误、色情等性质的不良视频、图片或文字信息。在网络空间中，包含色情、迷信、暴力、欺诈、恐怖、病毒等内容的网络信息均属于网络不良资讯，大学生参与以上资讯传播的行为都属于失范行为。当前，QQ、微信等是大学生最常用的交流工具，也是大学生之间交流、散布不良资讯的重要渠道。此外，QQ空间、微信朋友圈、微博等个人网页也是散布不良资讯的重要平台。

调查显示，95.2%的大学生拥有个人主页，22.0%的大学生或多或少地“向朋友转发或传播过封建迷信类信息”。需要特别说明的是，除极少数大学生热衷于扩散不良资讯外，多数大学生扩散网络不良资讯的行为常常发生于不经意间，并非刻意为之，他们对通过自己所传递的资讯会带来什么样的不良后果缺乏清晰的认识。另外，他们参与散布或传播的不良资讯多数并非自己杜撰，没有明显的不良动机，其行为主要表现为转发或分享。尽管大学生扩散网络不良资讯的行为可能是无心之过，却为不良资讯在网络空间的传播提供了一定程度的助力。

（三）浏览网络黄色信息

前文已详细分析了大学生网络信息浏览行为的现状，总体看来，大学生有一定的自制力，对“网络黄毒”的危害也较为了解。但是，因无法抵御网络黄色信息的诱惑而沉溺于其中甚至成瘾的大学生也并非没有。由于黄色信息浏览行为具有较高的隐蔽性，这种行为失范往往不易被发现，通常情况下只有行为主体自身对其行为状况心知肚明。

调查发现，0.7%的大学生表示“近期经常浏览的网站”是“成人网站”，38.4%的大学生或多或少地浏览过黄色网站，60.1%的大学生或多或少地在使用手机上网时“被动地浏览过色情信息”，高校教育工作者和大学生家长也不否认浏览色情信息的大学生占有一定的比例（见表3-1）。

表3-1　大学生浏览色情信息的情况

选项	高校教育工作者			大学生家长		
	频数/人	频率	排序	频数/人	频率	排序
没有	2	1.6%	4	3	6.5%	4
很少	16	12.7%	3	6	13.1%	2
不清楚	72	57.1%	1	33	71.7%	1
比较多	34	27.0%	2	4	8.7%	3
非常多	2	1.6%	4	0	0	5
合计	126	100%		46	100%	

关于浏览黄色网站对大学生产生的影响，不论是大学生群体，还是高校教育工作者或大学生家长，他们普遍认为最坏的影响是“影响身心健康”，其次是“诱发色情犯罪”（见表3-2）。

表3-2　浏览黄色网站对大学生产生的最坏影响

选项	大学生			高校教育工作者			大学生家长		
	频数/人	频率	排序	频数/人	频率	排序	频数/人	频率	排序
影响身心健康	1320	77.3%	1	65	51.6%	1	36	78.3%	1
诱发色情犯罪	153	8.9%	2	25	19.8%	2	3	6.5%	2
导致错误的恋爱观	82	4.8%	3	18	14.3%	3	2	4.3%	3
导致过早性行为	65	3.8%	4	6	4.8%	5	1	2.2%	4
导致社交困难	41	2.4%	5	2	1.6%	7	0	0	5
影响学业	20	1.2%	7	7	5.5%	4	3	6.5%	2
其他	27	1.6%	6	3	2.4%	6	1	2.2%	4
合计	1708	100%		126	100%		46	100%	

如果仅仅浏览网络黄色信息而不进行传播，这种行为失范带来的危害则主要集中体现在行为主体个人的身上。正如医学心理学家戴纳·普特纳姆所言：“沉迷于色情文学的人能意识到它的危害性却无法控制自己。为此，他们的心理和精神上将变得非常压抑、自卑、脆弱，甚至与他人打交道都会变得困难。”①

① 吕晓峰，王英．大学生网络行为失范及其应对策略[J]．教育探索，2010(06)：118.

（四）沉迷网络游戏

网络游戏是伴随新媒体时代而产生的一种新型文化产业，它既是虚拟的但又无限接近现实，是大学生较为喜爱的娱乐活动。有关资料显示，在目前我国大学生网络成瘾案例中，网络游戏成瘾所占比例最高，超过80.0%，成瘾程度也最深[①]。调查发现，29.4%的大学生会不同程度地“为了玩游戏而拒绝外出或参加朋友聚会”；关于“上网主要做什么”的调查表明，8.7%的大学生以“玩游戏”作为其上网的主要内容。

对于沉迷网络游戏的大学生来说，玩网络游戏是其日常生活的中心，其思想和行为都紧紧围绕这一中心，并受其控制。严重网络游戏成瘾者在线上和线下可能判若两人，沉浸于网络游戏时心情愉悦、异常兴奋，离开游戏时则情绪低落、萎靡不振。如果强迫网络游戏成瘾者离开游戏，他们通常会非常愤怒，甚至会通过摔东西、发脾气等来发泄心中的不悦。

高校教育工作者和大学生家长均认为“玩网络游戏给大学生造成的最大困扰”是“影响学习”，其次是“影响健康”和“影响社交”（见表3-3）。可以说，沉迷网络游戏已严重影响了大学生的正常生活。大学生因沉迷网络游戏造成学业荒废、身心健康受损而被学校勒令退学的事也曾发生过。最典型的是安某某，安某某先后于2002年、2004年考入北京大学和清华大学，但均因沉迷网络游戏在入学后不久被学校退学。类似的还有周某，其5年间4次考入名校却3次退学；还有张某，4年间考入过清华大学、北京大学却先后被退学或被开除[②]。让人感叹的不仅是这些大学生荒废的青春，还有他们行为背后因网络游戏成瘾而逐渐丧失的自我约束和自我管理的能力。

---

① 闫宏微.大学生网络游戏成瘾问题研究[D].南京:南京理工大学,2013:1.

② 戴岚.三次退学四度高考“高考专业户”是网瘾惹的祸?[J].云南教育(视界综合版),2007(07):36-37.

表3-3 玩网络游戏给大学生造成的最大困扰

选项	高校教育工作者			大学生家长		
	频数/人	频率	排序	频数/人	频率	排序
影响学习	79	62.7%	1	33	71.7%	1
影响健康	23	18.3%	2	8	17.4%	2
诱发暴力行为	9	7.1%	4	1	2.2%	4
对暴力变得麻木	3	2.4%	5	0	0	5
影响社交	11	8.7%	3	3	6.5%	3
没困扰	1	0.8%	6	0	0	5
其他	0	0	7	1	2.2%	4
合计	126	100%		46	100%	

（五）实施网络暴力

网络暴力是一种社会现象，是随着人们深入使用互联网而产生的一种暴力形式，具体表现为网民在网络上发布一些具有侮辱性、攻击性、煽动性的信息，包括言论、图片或视频等，在网络空间对当事人进行恶意“审判”，使当事人名誉受损，精神遭到伤害。

大学生是网络空间中较为活跃的群体，他们不仅关注社会热门事件的发展，还积极参与到热门事件的讨论之中，主动掌握并积极行使自己在网络空间的话语权。调查发现，33.1%的大学生或多或少地“在网络上使用言语抨击或攻击他人”；65.8%的大学生在对待社会热门事件时，会不同程度地“因网民的激烈言辞而情绪激动”；10.4%的大学生以“正义行为”、1.5%的大学生以“有趣”以及28.2%的大学生以“无所谓”来评价网友“人肉搜索”“虐猫事件”女主角（见表3-4）。

表3-4 大学生参与网络暴力的情况

问题	是否在网络上使用言语抨击或攻击他人				
	从不	很少	有时	经常	总是
频率	66.9%	25.7%	6.0%	1.0%	0.4%

续 表

问题	对于社会热门事件，是否会因网民的激烈言辞而情绪激动				
	从不	很少	有时	经常	总是
频率	34.2%	35.7%	27.0%	2.5%	0.6%
问题	如何看网友“人肉搜索”“虐猫事件”女主角				
	厌恶	不支持	无所谓	有趣	正义行为
频率	26.9%	33.0%	28.2%	1.5%	10.4%

由此可见，一些大学生遇事冲动、强调自我、追求个性、崇尚自由，情绪容易受到社会和他人的影响，导致他们对一些网络事件的判断缺乏理智，甚至会被一些别有用心的人或不法分子所利用，盲目地实施“人肉搜索”、言语攻击等网络暴力，表达自己对事件当事人的不满和心中的不平，对事件本身或当事人造成不可挽回的伤害。这也反映出部分大学生对是非、正误、善恶、美丑的辨别能力有待进一步提高。

（六）滥用网络语言

滥用网络语言指的是大学生在网络中过于随意地造词造句，不规范地使用语言，淡化甚至放弃遵守基本的传统语言规则，使得网络中语言的应用呈现出不同程度的不规范和使用混乱的现象[①]。

网络语言虽然与日常用语有一定的区别，但不可能从根本上违背语音、词汇和语法的基本规律和原则[②]，如果在语音、词汇和语法等使用上违背其基本规律和原则，则是行为失范。从网络语言的语音、词汇和语法等出发，网络语言的滥用主要表现为：一是谐音的乱用，仅取字音而去字意，如女纸（女子）、么么哒（萌萌的），还有数字和英文的谐音的乱用，如520（我爱你）、嗨皮（happy）等；二是生字的乱造，随意乱造文字的简繁体，如“莓天想埝祢巳宬僪1.种濌惯”（每天想念你已成

① 李一.网络失范行为的形态表现、社会危害与治理措施[J].内蒙古社会科学(汉文版),2007,28(06):123.

② 敖永春,陈纯柱.网络语言传播的失范与规范[J].思想政治教育研究,2013,29(1):125.

为一种习惯）；三是语法的背离，运用屈折语中的形态变化手段，使汉语词语在网络语言中通过词形变化添加了数量、时态的语法范畴义，如同学s（同学们）[①]；四是标点的代替，用形象的标点符号来代替文字表达，如"↓死我了"（吓死我了）；五是词语的拼装，随意地更改原词搭配，根据原音或近音对原有词语进行混乱组合，如"喜大普奔"是"喜出望外、大快人心、普天同庆、奔走相告"的重组和缩略，毫无文化传承的意义；六是语言表达的不文明，如"妈妈再打我一次""很黄很暴力"，最初这些用语可能是网友的无心恶搞，却被广大网民广泛使用。

有学者认为网络语言是一种社会方言[②]，它由互联网催生，并被网民广泛使用，它的简短独特和新奇时尚也吸引了众多大学生网民争相使用，甚至被有些大学生滥用。关于"如何看'很黄很暴力''妈妈再打我一次'等网络语言"的调查显示，有11.7%的大学生认为"有趣"，0.5%的大学生认为"非常有趣"，28.2%的大学生表示"无趣"，还有33.7%的大学生认为"无所谓"（见表3-5）。可见，部分大学生是认同网络语言的，那么，这部分大学生也有可能存在滥用网络语言的行为。

表3-5 大学生如何看"很黄很暴力""妈妈再打我一次"等网络语言

选项	频数/人	频率	排序
非常无趣	442	25.9%	3
无趣	482	28.2%	2
无所谓	576	33.7%	1
有趣	199	11.7%	4
非常有趣	9	0.5%	5
合计	1708	100%	

语言系统应该是发展变化的，它既有历史传统的沉淀，又有时代推陈出新的发展和演变。网络语言是信息时代的产物，它通常以标新立异、打破常规吸引众多网民的追随使用。但是，网络语言对传统语用规

① 张颖炜.公民网络用语亟须强化规范意识[N].光明日报,2014-12-30(002).

② 张薇,王红旗.网络语言是一种社会方言[J].济南大学学报(社会科学版),2009,19(01):25-28.

范的异化严重冲击着我国传统文化体系的严谨和优秀传统文化的传承，以致73.0%的高校教育工作者和71.8%的大学生家长明确表示，“很黄很暴力”“妈妈再打我一次”等网络语言对大学生已产生不良影响（“非常有影响”和“有影响”之和）（见表3-6）。受到不良影响的大学生很可能也会出现滥用网络语言的失范行为。

表3-6　如何看“很黄很暴力”“妈妈再打我一次”等网络语言对大学生的影响

选项	高校教育工作者			大学生家长		
	频数/人	频率	排序	频数/人	频率	排序
完全没影响	6	4.8%	5	3	6.5%	4
没影响	7	5.5%	4	3	6.5%	4
说不清	21	16.7%	2	7	15.2%	3
有影响	78	61.9%	1	25	54.4%	1
非常有影响	14	11.1%	3	8	17.4%	2
合计	126	100%		46	100%	

（七）侵犯网络知识产权

知识产权指的是权利人依法对其在科学、技术、文学、艺术领域等，从事智力活动而创造的精神产品所享有的权利，主要包括文学艺术产权和工业产权①。但是随着互联网的出现和快速发展，知识产权有了许多新的内涵和新的需要保护的客体，例如多媒体作品、数据库、在线交互式作品、域名、网络专利等②。

侵犯网络知识产权是指在未经允许的情况下，对互联网上其他个人或机构所创作或制作的文字、图片、视频资料、数据库、专利等网络资源，通过复制、转载、链接等形式据为己有或肆意传播，从而侵害他人或机构的权益。大学生侵犯网络知识产权主要表现为抄袭他人学术成

① 吴汉东.知识产权法[M].北京:法律出版社,2004:282-283.

② 刘远山,杨超男.论网络环境下知识产权侵权的认定和法律救济[J].河北法学,2007,25(05):82.

果，下载音乐、图片、视频等网络资源，"越狱"计算机软件和网络游戏等。例如，某高校一名学生在未经允许的情况下，转载中国知网的论文摘要，被中国学术期刊电子杂志社告上法庭，法院判决该大学生赔偿人民币10余万元[①]。近几年来，由于互联网的高度开放和准入门槛低，网络传播的快速便捷，网络信息的可存储性、易搜索性、易复制性[②]，再加上大学生知识产权意识的淡薄，大学生侵犯网络知识产权的不良现象日益增多。有学者通过调查发现，有相当一部分同学承认自己的作业或论文是从网络上下载资料修改而成的[③]，他们的作业或论文几乎没有自己的独特观点。大学生侵犯网络知识产权的行为不仅暴露出部分大学生自身道德的滑坡，还在一定程度上助长了学术研究的不正之风。

（八）参与网络犯罪

网络犯罪是指以网络为工具或以侵犯网络为目的，而实施的违反法律规定、危害网络安全和网络正常秩序的各种犯罪行为[④]。大学生的世界观、人生观和价值观尚未完全形成，涉世较浅，辨别力较差，对新鲜事物充满了好奇，加之具备一定的电脑应用技术和知识，在网络违法犯罪的人群中，大学生是高发群体之一[⑤]。闫新燕结合公安部统计数据进行分析，认为我国大学生网络犯罪正呈现多发态势[⑥]。大学生一般违法犯罪行为的低发率与其在网络中违法犯罪行为的高发率形成鲜明反差，特别值得反思。

① 胡神松，魏纪林．大学生文化传播领域知识产权侵权行为研究[J]．知识产权，2013(08)：78.

② 谭云明．当前网络侵权的原因透视和对策分析[J]．中南民族大学学报（人文社会科学版），2003，23(05)：99.

③ 何焕锋．大学生知识产权教育探析——以山东省大学生知识产权意识调查为基础[J]．山东青年政治学院学报，2011(02)：44.

④ 石奎．大学生网络犯罪的原因分析及其防治[J]．前沿，2010(04)：94.

⑤ 丁云，陆文颐．大学生网络违法犯罪问题初探[J]．青少年犯罪问题，2002(05)：12-14.

⑥ 闫新燕．大学生网络违法犯罪现状及预防对策探析[J]．前沿，2013(20)：74-75.

大学生参与网络犯罪主要表现在以下几个方面：一是网络诈骗行为，即利用网络技术或通过网络平台，骗取他人财产或有效信息，例如通过电子邮件冒充官方平台向网民发布虚假信息索要个人银行账号信息等；二是网络盗窃行为，即通过一定的计算机技术盗取他人的网络账号、密码及银行卡账号、手机号码等个人信息；三是网络黑客行为，即攻击他人或组织的计算机系统使其瘫痪的行为；四是网络色情犯罪行为，即大学生参与网络色情信息的制作、复制、传播甚至贩卖。大学生参与网络犯罪的行为不仅发生于网络空间，一定程度上还会延伸到现实社会之中。大学生参与网络犯罪多数属于技术犯罪，不仅会带来严重的危害结果，还会造成巨大的社会不良影响。

大学生网络行为失范的表现还有很多，带来的后果也各有不同，主要体现在对公序良俗的破坏、对网络文化建设的影响，以及对行为主体自身造成伤害等方面。过分依赖和不恰当使用网络不仅会对大学生的身心健康造成极大伤害，还会对他们的学习成绩、人格塑造和道德修养等带来不良影响。如果大学生把本应该用于完成学业、增长见识、锻炼身体、参加实践的时间和精力都耗费在了虚拟的网络世界之中，那么他们会因此失去很多接触社会、了解社会、适应社会，并完成社会化进程的重要机会。此外，一些沉溺于网络的大学生由于长期缺少与他人和外界的接触与交流，性格变得越来越孤僻，更为严重的是他们表现出对现实的不适应，觉得生活没有希望。沉溺于纷繁复杂的网络虚拟空间的大学生深受网络非主流文化和价值观的影响，网络中种种不道德行为和其宣扬的负面价值观冲击着我们传统的世界观、人生观、价值观教育，使得一些判断力不足的大学生随波逐流，放任自己，失去对自身行为的起码约束，甚至会引发他们人格的异化和道德的滑坡。

二、大学生网络行为失范的成因分析

在网络虚拟空间中，由于没有现实社会规章制度和伦理规范的制约，以及自身缺乏一定的自我约束力和控制力等，一些大学生在网络中的行为不由自主地不受控制，变得随心所欲、肆意妄为，最终导致网络行为失范。导致大学生网络行为失范的原因既有大学生自身的原因，也有大学生之外的原因，即内因和外因。

（一）大学生网络行为失范的内因

大学生自身存在的问题是导致其网络行为失范的最主要的原因。从大学生主体出发，导致其网络行为失范的原因可以概括为对“虚拟网络”的误解、对网络信息技术的过度崇拜、网络价值取向的多元发展、心理压力的主动应对等。

1. 对“虚拟网络”的误解

人的行为或活动都应由一定的道德意识所支配，大学生的网络道德意识决定了他们采取的网络行为，而这种意识本质上又是由他们对网络虚拟世界的认识决定的。在一些大学生眼中，网络代表的虚拟世界是和现实世界相分离且相区别的“另一世界”，在虚拟空间中的言行不会对现实世界产生任何实质性影响，道德只对在场的身体发挥作用，身体缺场时不需要道德规范；再加上网络世界中没有现实社会中的他人目光和舆论压力，也就没有道德他律的“外在”约束。因此，个体可以通过匿名的方式将实在的自身隐藏起来，对网络上的所谓“虚拟”他人和社群随意发表言论及采取行动，从而产生种种失范现象。但是，他们显然忘记了网络也是一种客观实在，不仅交流的主体是现实中具有特定背景、文化和身份的人，且交流内容是真实世界的组成部分，其线上行为也容易发展为现实的行为，因而会对他人的精神世界乃至身体产生实实在在的影响①。

2. 对网络信息技术的过度崇拜

尼古拉·尼葛洛庞帝曾预言在未来信息化的时代，“比特”（信息的

① 肖峰，窦畅宇. 网络失范的哲学分析[J]. 理论视野，2016(01)：45-49.

DNA）将取代原子成为人类社会的基本要素[①]。如今，人类工作和生活的方方面面均已被海量的网络信息包围，数字化不仅成为现代人不可逾越的生存状态，也成为经济增长和社会变迁的主要途径。网络成功开启了数字化社会的生活模式，显著改变了人类的思维与行为方式。但是在这个过程中，令人担忧的“信息（网络）崇拜”[②]现象却成为许多人观念体系乃至生活方式的一部分。这些人不仅将信息与人的思想、知识等混同起来，而且盲目地相信信息技术无所不能，认为现实世界可以完全被网络虚拟世界替代。当代大学生是使用网络的主力军，他们拥有一定的知识储备和计算机应用能力，并在不断追求技术能力的提升。可以说，大学生群体对网络信息技术的推崇和崇拜超越了其他网民群体，一些大学生通过自己所掌握的技术玩转于网络世界。一些大学生不仅不会痛恨网络黑客、传播网络病毒等不道德的行为，反而会对这些行为背后高超的技术支持产生崇拜，甚至想要去模仿和超越。然而，从现实来看，部分大学生对网络技术的过度迷恋和崇拜，不仅会形成其对网络行为失范的“斯德哥尔摩情结”（对网络失范现象和失范者产生好感），还会在一定程度上促使网络行为失范的发生。

3. 网络价值取向的多元发展

大学生网络价值取向是指大学生在协调或处理网络空间中各种关系、矛盾和冲突时所持有的价值立场、价值态度，以及表现出来的价值倾向。大学生的网络价值取向影响、决定和支配其在网络中的判断和选择。大学生强调自我设计和自我价值的实现，对于他们而言，网络不仅是工具，还是一个展示自我的平台。但是随着网络的发展，以开放、自由、匿名、交互和平等为特点的网络空间进一步体现了其传播方式的多样性和传播内容的多元化，使得大学生在网络世界中容易迷失甚至失去

① 尼古拉·尼葛洛庞帝．数字化生存[M]．胡泳，范海燕，译．海口：海南出版社，1997：3.

② 西奥多·罗斯扎克．信息崇拜——计算机神话与真正的思维艺术[M]．苗华健，陈体仁，译．北京：中国对外翻译出版公司，1994.

自我，西方多元文化思潮的不断涌入也对我国大学生的价值观产生激烈的碰撞和巨大的冲击。在网络背景下，信息的冲击力度更大，信息引导的内驱机制也更为复杂，其对大学生价值观形成的导向作用表现得更为明显，大学生的网络价值取向表现出功利化、多元化和矛盾化等特点[①]。部分大学生网络价值取向的不明确，会直接使他们的价值判断和行为选择产生盲目性，容易将网络通俗文化、网络恶搞视为时尚，在一定程度上认同网络失范行为，进而引发自身的网络行为失范。

4. 心理压力的主动应对

有学者提出“一般紧张理论”，认为个体的越轨或失范行为是对自己负面情绪的回应方式，而这些负面情绪则是由个体在社会生活中遭遇的各种压力或紧张引发的。根据该理论，这种紧张主要有三个来源：一是未能实现个人肯定的积极目标，对大学生来说这既包括经济上的目标（如购物、旅游等），也包括许多非经济的目标（如获评优秀学生干部、谈恋爱等）；二是失去或被威胁失去某种重要刺激，如失去生命中极重要的人、关系（友谊或爱情破裂）及实物（手机被偷）等；三是出现或被威胁出现负面刺激，如受到同伴欺凌、与教师发生冲突、课程考核不理想等[②]。因这些紧张源，个体容易出现以愤怒、抑郁、恐惧为代表的负面情绪，对于那些自我控制能力较弱、属于胆汁质类型且与行为越轨的朋友关系密切的大学生而言，就可能产生种种失范行为。由于网络是一个相对隐秘且更加便捷的空间，大学生普遍选择以网络作为自己发泄负面情绪的关键渠道。若情绪及其发泄的程度在个体可控的范围内，则有利于他们的心理健康；但若以愤怒情绪为主导，并且缺乏良好的社会关系支撑，部分大学生可能会选择比较极端的方式（如发恐吓邮件、盗窃他人账号等）来发泄情绪。

---

① 任祥. 网络文化传播对大学生价值取向的影响分析[J]. 学校党建与思想教育，2011(20):51-52.

② 朱琳. 大学生网络行为失范的类型、成因与对策[J]. 华东师范大学学报(教育科学版),2016,34(02):92.

（二）大学生网络行为失范的外因

从目前来看，网络行为失范不仅在大学生中较为普遍，在整个网络空间中也是普遍存在的。大学生网络行为的“场域”是开放、交互、共享的，除大学生自身存在的原因之外，大学生网络行为失范的成因还包括社会、高校、家庭等方面的外在因素。

1. 网络环境监管不到位，制度建设滞后

网络环境监管包括网下现实环境管理和网上虚拟环境监控。网下现实环境，指的是网吧或网咖等现实提供上网环境和上网服务的营业场所。随着信息技术的快速发展、大学生用网的日益深入，为吸引大学生并留住他们，一些网吧在店名上出奇出新，例如“e网情深网吧”“蜘蛛城”“快来上网吧”等；还有一些网吧以餐厅、会所等形式存在，看上去是用餐的地方实则是网吧，即顾客必须点餐消费才能享受上网服务；更有甚者，推出提供食宿一站式服务方便大学生通宵达旦地上网，或者向大学生提供包含色情、暴力等不健康内容的信息或游戏以满足大学生的猎奇心理。此外，一些网吧在自身建设方面还存在管理不规范、个体经营者自身素质不高、网吧空间狭窄不通风、管理人员流动性大等问题，这些对大学生身心健康和网络道德行为的养成都是不利的。在政府监管方面也存在一些问题，主要表现为监管不到位、整治力度不够、技术手段缺乏等。一些地方政府对网吧经营场所的管理过松，对违规违法行为处置力度过软、打击力度不够，导致一些网吧违规行为屡禁不止。一些地方政府在网络监管方面缺乏专业技术人员，这也是导致网络监管不到位、不完善的重要原因之一。

对于网上虚拟环境的监管只能依靠信息技术和法律法规，但是我国目前的网络监管技术发展和法律法规建设相对网络的发展明显滞后，且尚不完善，难以覆盖网络的各个方面，在具体实施上也存在一定的漏洞。目前的网络监控技术水平不够高，面对新形势下出现的新情况、新问题和新挑战有时只能被动应付，解决问题的实效性不高。在网络监管制度建设方面存在盲区，现行有关网络的法律法规主要停留在宏观层面，实际操作性和针对性不强，震慑力也不够。对于那些缺乏一定约束力和法律意识的大学生来说，监控技术的落后和法律管理的漏洞成为他们施展才华的“机会”，甚至有人以此谋取个人私利，导致网络行为失范不断发生。

2. 不良社会舆论导向的误导

习近平总书记在中央网络安全和信息化领导小组第一次会议上指出，做好网上舆论工作是一项长期任务，要创新改进网上宣传，运用网络传播规律，弘扬主旋律，激发正能量，大力培育和践行社会主义核心价值观，把握好网上舆论引导的时、度、效，使网络空间清朗起来。可见，正确的舆论导向对于培育健康的网络舆论生态环境、激发社会正能量，具有重要的作用。当前社会，在经济利益的驱使和推动下，一些人蓄意制造网络虚假信息或者恶意操纵网络、控制舆论导向，形成一种不良的舆论氛围。中央电视台《经济半小时》栏目曾专门报道网络黑社会操纵网络舆论。从报道来看，“网络打手”和“网络水军”已成为一种职业，他们有着庞大的客户群和可观的经济收入，通过网络为其客户制造舆论声势，混淆视听以达到打压竞争对手等目的。例如，在网络中炒得沸沸扬扬的“奇虎360杀毒软件侵犯客户隐私”“康师傅水源门”等社会关注度较高、与大众切身利益相关事件的背后，都有其特定的商业目的。网络是大学生获取信息的重要渠道，如果网络中大量信息的真实性都有待证实、网络热点新闻纯属人为制造、网络舆论氛围由人操控，那么势必会误导大学生。

此外，在现实生活中，无论是荧幕作品和文学作品，还是广告和娱乐节目，甚至儿童栏目和动画片，“其所传递的有失偏颇的一些文化价值理念，无不作为现实生活环境中的‘文化刺激’和‘文化教唆’，熏染着人们的眼睛和头脑”[①]。网络或是传统媒体中包含的色情、暴力、

① 李一.网络行为失范的生成机制与应对策略[J].浙江社会科学,2007(03):99.

造假等内容的影响力极大，在现实生活中容易被一些大学生模仿，一定程度上引发了大学生的现实行为失范。因此，在社会错误舆论导向和不良媒介生态环境的影响下，大学生的网络行为失范时常发生，而且可能会由网上延伸到网下。

3. 高校网络思想政治教育和管理工作的针对性不强

大学生思想政治教育与网络的关系一直是学界关注的话题，但是面对日益复杂的网络社会环境和大学生网络行为失范，高校的网络思想政治教育工作稍显不足，其作用并没有随着网络影响的日益深入而得到充分发挥。网络时代给大学生思想政治教育带来了机遇，同时也带来了前所未有的挑战。目前高校的思想政治教育工作虽然做了一些探索和尝试，但基本还是沿用传统思想政治教育的框架和模式，不论是德育实践活动，还是马克思主义理论、思想政治教育理论等德育课程的教学，都较少涉及网络思想政治教育的内容。大学生没有系统接受过这方面内容的教育，他们的网络行为处于较为随意的状态。在管理方面，高校少有专门的规章制度来约束和规范大学生网络行为，现行的规章制度大多是针对现实社会物理空间中大学生有可能产生的问题而设计和制定的，无法限制和约束大学生在虚拟的、无人监管的网络空间中的行为。因此，高校必须提高思想政治教育与管理工作的针对性，探索新时期高校网络思想政治教育的有效途径，逐步减少直至杜绝大学生网络行为失范。

思想政治教育工作队伍的网络信息处理能力的相对落后也会导致高校网络思想政治教育和管理工作针对性不强。高校思想政治教育工作队伍主要由学校的宣传部、学生处、研究生院（处）、团委等学生工作主管部门的行政人员，心理咨询师，思想政治理论课教师，从事学生工作的学院领导，专职、兼职辅导员和其他教职工等组成，他们的政治素质、理论素养和业务水平直接影响高校思想政治教育水平。在信息技术飞速发展、社会意识形态多元共生、大学生求知欲望异常强烈的今天，以往“以教师为中心”的灌输式德育教育将不再适应大学生的发展和时代的要求。大学生属于“高触网”的群体，他们在遇到问题时已习惯于

“向网络要答案”，并通过网络关注社会热门事件、国内外形势的发展，网络已成为他们获取信息的最大资料库和信息源。如果高校教育工作者自身对网络不了解、对网络事件不关注、对网络运用不擅长，则不可能对大学生进行有效教育和引导。可以说，大学生在接触网络、使用网络和运用网络等方面均走在多数高校教育工作者的前列，或者说高校很多教育工作者对于网络知识的了解和运用网络技术的水平远远低于教育对象（大学生）[①]。因此，高校教育工作者在网络中失去了知识和经验优势，做不到如现实教育中一样得心应手，在网络思想政治教育中也就失去了优势。另外，高校教育工作者对大学生网络行为失范的发生“缺乏足够的预测能力，警觉性不强”[②]；对于大学生已经发生的网络失范行为的处理能力不够，教育引导的科学化水平也有待提高。

习近平总书记在全国高校思想政治工作会议上明确指出，高校教师要坚持教育者先受教育。信息时代对高校教育工作者的现代化素质提出了越来越高的要求，除基本的理论知识外，高校教育工作者还应主动掌握一定的现代化教育手段和方法，否则无法承担网络思想政治教育的重任，也无法及时洞察与矫正大学生的网络失范行为。

4. 大学阶段家庭教育的缺位

要想把学生教育好，仅靠学校和老师是不够的，父母和孩子之间的信任程度和亲密关系是任何人都无法比拟的，有时候老师苦口婆心的教育抵不上父母一个失望的眼神，家庭教育在学生整个成长过程中肩负着不可替代的重任。然而，在大学教育阶段，家庭教育尤其是家庭网络道德教育的缺位是较为普遍的，甚至存在家庭教育和学校教育背道而驰的现象。从笔者的实际工作经历来看，有时学校一学期的正面教育引导抵不上家庭一个假期的负面影响，大学生网络成瘾的比例在寒、暑假之后会有一个上升趋势，大学生的学业进取心在寒、暑假之后也会有所懈

① 蒋文昭.网络道德失范探析[J].教育与职业,2004(12):64.

② 郑培钢,李晓丹.大学生网络失范行为的调查与分析[J].黑龙江高教研究,2008(12):128.

息。这一现象说明大学生假期在家投入学习的时间短，沉溺于网络的时间长，也说明父母在假期对大学生的监管不够。这可能是因为孩子以“大学没有作业”或者“你不懂”应付了父母，也可能是因为父母真的不懂孩子上网具体在做些什么。另外，一些家庭只关注孩子的学习成绩而忽视了对其思想道德品质的培养，甚至一味地以用购买电脑、新款手机等物质方式来奖励孩子。

家庭教育缺位的原因主要有以下几点：一是大学生经历了艰苦的高考才如愿考上大学，刚摆脱繁重的高中学业负担，他们不希望父母再过多地监管自己；二是一些父母认为孩子上大学后，他们的培养任务就圆满完成了；三是一些父母认为自己文化水平有限，参与不了孩子大学阶段的教育，只能在物质上尽量满足孩子的需求；四是多数大学生是异地上学，父母对孩子在校的状况了解甚少，为数不多的了解也只是来自孩子的电话汇报；五是部分父母对孩子过于溺爱，孩子一旦告诉父母学习、查资料等需要买电脑或手机，父母就会想尽一切办法满足孩子的要求。大学阶段家庭教育引导的缺位是造成大学生沉溺于网络世界、网络行为失范的一个重要因素。

第四章　大学生网络行为教育引导的现状考察

大学生在人生最重要的学习阶段深入接触网络，并在网络空间中保持着较高的活跃度，创造了属于他们年轻一代的网络文化。大学生的学习、阅读、交友、购物、娱乐等都与网络息息相关，网络以其不断延伸和扩展的活动时空满足了大学生群体不同类型的需求，对大学生的思维模式、思想观念、行为方式、价值取向、心理发展等方面产生了深刻的影响，甚至导致网络行为失范现象的出现。目前高校、社会和家庭对大学生网络行为失范有哪些具体的教育引导举措，以及实际效果如何，都是值得深入探讨的问题。本章将从高校、社会和家庭三个方面对大学生网络行为教育引导的现状进行考察，分析教育引导的具体举措、成效及存在的主要问题与成因。

一、高校开展大学生网络行为教育引导的现状考察

高校处在网络技术发展的前沿，面对网络日新月异的变化及其对大学生所带来的影响，如何开展大学生网络行为的教育引导是大学生思想政治教育工作面临的新的重大课题。从大学生主体、高校教育工作者及大学生家长等多个维度来考察高校开展大学生网络行为教育引导的实际做法、高校教育工作者作用的发挥及教育引导的实效，分析高校目前网络道德教育及大学生网络行为教育引导的现状，对于进一步改进教育引导方法，提出更加合理、可行的对策，具有非常重要的现实意义。

（一）大学生主体的认知现状

在大学生思想政治教育过程中，大学生主体的参与度和认可度直接决定了教育的实际效果。反过来看，大学生对高校开展的网络行为教育引导活动的参与度、对相关制度的认可度、对高校教育工作者的信任度等，在一定程度上也反映了高校这一工作的开展情况。

1. 对高校教育工作者与大学生进行网上交流现状的认知

高校教育工作者只有主动占领网络阵地，积极与大学生在网络上展开交流讨论，才能跟上时代的步伐，拉近与大学生之间的距离，进而有效地开展网络思想政治教育。只有走近大学生，高校教育工作者才能走进大学生的心里。

关于“是否与大学生进行网上交流”的调查结果显示，高校教育工作者（含辅导员）与大学生在网上有交流，但频率不高，“总是”与大学生进行网上交流的教师或领导的比例仅为1.5%，“经常”交流的比例是14.5%；辅导员“总是”和“经常”与大学生进行网络交流的比例分别是3.6%和21.2%。另外，辅导员与大学生在网上交流的频率比教师或领导要高（见表4-1）。

表4-1　高校教育工作者是否与大学生进行网上交流（大学生问卷）

选项	教师或领导			辅导员		
	频数/人	频率	排序	频数/人	频率	排序
从不	257	15.1%	3	239	14.0%	4
很少	595	34.8%	1	461	27.0%	2
有时	582	34.1%	2	585	34.2%	1
经常	248	14.5%	4	362	21.2%	3
总是	26	1.5%	5	61	3.6%	5
合计	1708	100%		1708	100%	

关于“辅导员与大学生在网上交流时的态度”的调查显示，64.3%的大学生认为是“平等对话”，认为辅导员“说教为主”“应付了事”

“态度恶劣”及“不交流”的大学生的比例依次是16.5%、9.5%、1.7%和8.0%。虽然多数高校教育工作者以“平等对话”的态度在与大学生进行网上交流，“态度恶劣”的辅导员占极少数，但是“说教为主”和“应付了事”的辅导员也占有一定比例。

在现实生活中，有些大学生比较腼腆，不敢与高校教育工作者进行面对面交流，在面对面交流的过程中甚至会词不达意，含混不清。这样的交流不仅达不到沟通的效果，也解决不了实际问题，还会影响师生关系。如果高校教育工作者能够通过网络与大学生进行更进一步的交流，那么现实交流中的尴尬和言语表达上的障碍可能会被淡化；那些比较腼腆的大学生，在不需要面对面的网络空间中，可能会表现得很活跃，甚至幽默感十足。因此，他们愿意通过网络交流平台向高校教育工作者倾诉一些在现实中难以启齿的话语或者难以解决的问题。

2. 对高校教育工作者教育引导措施的认知

高校辅导员身处大学生日常思想政治教育和管理工作的一线，是大学生思想政治教育工作的主力军。因此，辅导员对大学生网络行为教育引导的作用最直接。

关于“辅导员对大学生上网的监管力度”的调查显示，认为监管力度较大的大学生比例为9.4%（“非常大”和“比较大”之和），认为监管力度“一般”“比较小”和“不监管”的大学生的比例依次是37.2%、32.2%、21.2%。这一结果说明，在日常管理工作中辅导员会对大学生上网进行监管，但是监管力度一般。从现实情况来看，这一现象主要归因于辅导员在这一工作中没有具体的、有力的工作抓手，并非不想或者不愿意监管。据了解，一些辅导员通过“禁止一年级新生带电脑到学校”的做法对大学生上网进行监管。大学生对于这一做法持较为分散的观点，认为“有必要，且合理”“有必要，但不合理”“合理，但没必要”及“不合理，且没必要”的大学生的比例依次是22.9%、24.5%、24.2%、27.0%，余下1.4%的大学生选择了“其他”（见表4–2）。可见，辅导员的这一教育引导措施对新生上网行为能够起到一定的约束和限制作用，但其合理性和必要性遭到部分大学生的质疑。

表4–2 如何看一些辅导员禁止一年级新生带电脑到学校的做法

选项	不分类		有电脑		无电脑	
	频数/人	频率	频数/人	频率	频数/人	频率
有必要，且合理	391	22.9%	273	21.1%	118	28.7%
有必要，但不合理	419	24.5%	304	23.4%	115	28.0%
合理，但没必要	413	24.2%	317	24.4%	96	23.3%
不合理，且没必要	461	27.0%	392	30.2%	69	16.8%
其他	24	1.4%	11	0.9%	13	3.2%
合计	1708	100%	1297	100%	411	100%

关于“辅导员是否采取措施教育引导网络游戏成瘾的大学生”的调查显示，24.2% 的大学生表示“是”，21.4% 的大学生表示“否”，余下 54.4% 的大学生表示“不清楚”。虽然不能单纯根据调研数据来判定多数辅导员没有对网络游戏成瘾的大学生采取具体的教育引导措施，但调研数据至少可以说明目前辅导员对网络游戏成瘾大学生所采取的教育引导措施不明显，未得到多数大学生的认可，或者说辅导员教育引导网络游戏成瘾大学生的成效不显著。

与辅导员不同，教师因其在课堂上的亲和力和权威更容易得到大学生的信赖，因此教师在大学生思想政治教育工作中也应发挥作用。如果教师在课堂上的教育引导与辅导员在课堂外的教育引导能够相互交融、相互衔接、相互配合，那么对大学生的教育引导就会达到事半功倍的效果。关于“老师对大学生上课使用手机的态度”的调查显示，大学生认为老师的态度是“严禁”“禁止，但不严格”“不闻不问”“默认”的比例依次是 4.5%、55.6%、22.4% 和 6.6%。可见，授课教师在课堂上更多关注的是其课程和教学本身，而忽视了对大学生的思想引领和行为引导。思想政治教育工作和课堂教学存在脱节现象。

3. 对现阶段高校教育引导工作的认知

网络技术的发展和网络在大学生中的普及使得高校的育人环境发生

了深刻变化，网络是大学生思想政治教育新的重要阵地。高校开展网络思想政治教育是网络时代对大学生思想政治教育提出的必然要求。

关于“借助网络开展的思想政治教育工作更易于被大学生接受”的说法，49.5%的大学生表示较为赞同，38.3%的大学生表示“中立”，12.2%的大学生表示不太赞同（以下“较为赞同”均指“非常同意”和“同意”之和，“不太赞同”均指“非常不同意”和“不同意”之和）。网络思想政治教育已得到多数大学生的关注。

高校现阶段的教育引导工作在大学生中的认可度有待进一步提高。调查发现，对于“大学生网络思想政治教育‘有名无实’”的说法，大学生表示较为赞同、“中立”和不太赞同的比例依次是47.5%、40.6%、11.9%；对于“高校应创新思想政治教育引导的途径和方法”的说法，大学生表示较为赞同、“中立”和不太赞同的比例依次是68.1%、24.9%、7.0%；对于“大学生思想政治教育工作者使用网络的能力跟不上大学生”的说法，大学生表示较为赞同、“中立”和不太赞同的比例依次是44.1%、42.7%、13.2%（见表4-3）。在具体举措方面，“所在学校对网络舆情的处理态度”只得到少数学生的认可，仅27.3%的大学生认为学校的态度是“积极处理”，认为学校“避重就轻”“很少处理”“不闻不问”的大学生比例依次是11.6%、19.4%、8.1%，余下33.6%的大学生对此表示“不清楚”。因此，高校应进一步探索网络思想政治教育的新途径、新方法，加强思想政治教育工作队伍建设，不断改革、不断创新发展，以立足于正在兴起的网络时代。

表4-3　大学生对高校现阶段教育引导工作的认知

选项	大学生网络思想政治教育“有名无实”		高校应创新思想政治教育引导的途径和方法		大学生思想政治教育工作者使用网络的能力跟不上大学生	
	频数/人	频率	频数/人	频率	频数/人	频率
非常不同意	40	2.3%	32	1.9%	39	2.3%
不同意	164	9.6%	88	5.1%	187	10.9%
中立	693	40.6%	425	24.9%	729	42.7%

续 表

选项	大学生网络思想政治教育“有名无实”		高校应创新思想政治教育引导的途径和方法		大学生思想政治教育工作者使用网络的能力跟不上大学生	
	频数/人	频率	频数/人	频率	频数/人	频率
同意	622	36.4%	893	52.3%	604	35.4%
非常同意	189	11.1%	270	15.8%	149	8.7%
合计	1708	100%	1708	100%	1708	100%

（二）高校教育工作者主导作用发挥的现状

中共中央、国务院发布的《关于进一步加强和改进大学生思想政治教育的意见》（中发〔2004〕16号）明确规定，学校党政干部和共青团干部，思想政治理论课和哲学社会科学课教师，辅导员和班主任是大学生思想政治教育工作队伍的主体，高校广大教职员工都负有对大学生进行思想政治教育的重要责任。笔者对高校教育工作者进行了调查，接受调查的党政干部、共青团干部、辅导员、班主任、专业课教师及其他人员所占的比例依次是8.7%、2.4%、47.6%、5.6%、27.8%和7.9%，其中辅导员所占的比例最高（占比47.6%）。

1. 高校教育工作者网络行为的主要现状

（1）调查对象的基本情况。从性别来看，男、女的比例分别为47.6%和52.4%。从年龄来看，出生于“80年代”的是主体，所占比例是67.5%；其次是出生于“70年代”的，所占比例是18.2%。从调查结果来看，少数“90年代”出生的人开始走上大学生日常思想政治教育和管理工作岗位，这类受访者可能多数是研究生兼职辅导员（见图4-1）。从职称来看，受访者多数是中级及以下职称，其中“中级”职称所占的比例是41.3%，“中级以下”职称所占的比例是46.0%（见图4-2）。高校辅导员处于大学生思想政治教育工作的第一线，在此次调查中，辅导员是被调查的主体，所占比例最高。

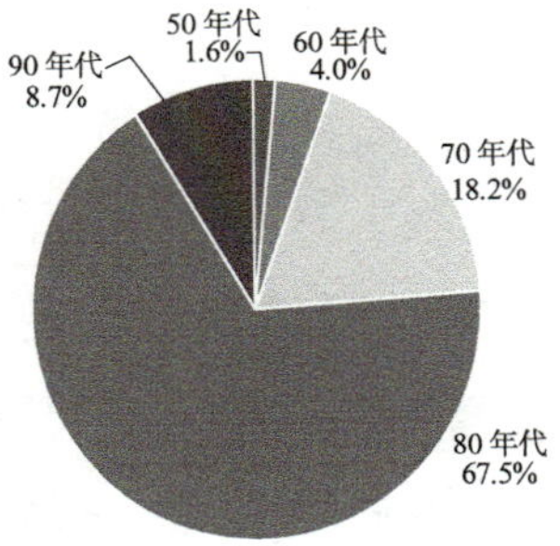

图4-1 高校教育工作者的出生年代

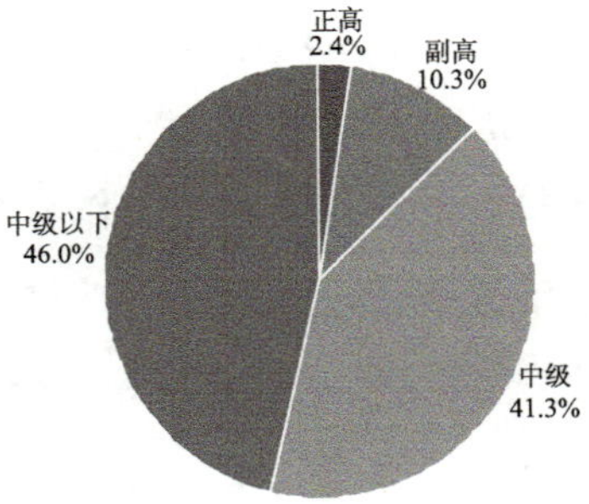

图4-2 高校教育工作者的职称级别

（2）日常用网的现状。网络不仅是大学生日常学习和生活的重要组成部分，对于大学生思想政治教育工作者来说亦是如此。关于“工作和生活是否能离开网络”的调查表明，高校教育工作者认为“完全不能”和“不能”离开网络的比例分别是31.0%、64.3%，认为能离开网络（“能”和“完全能”之和）和“说不清”的高校教育工作者比例均为2.35%。手机上网也逐渐成为高校教育工作者上网的重要途径，“总是”和“经常”使用手机上网的高校教育工作者比例分别是7.9%、57.9%，“从不”使用手机上网的高校教育工作者所占比例仅为0.8%。高校教育工作者在工作之余上网主要是为了“浏览新闻”“查找学习或工作资料”“聊天”和“购物”，所占比例依次为29.9%、26.0%、22.5%和10.9%，它们位于调查结果的前四位。另外，出生于“80年代”的高校教育工作者的上网内容较其他年代出生的高校教育工作者要丰富。

2. 与大学生进行网上沟通交流的现状

高校教育工作者只有积极开展网络沟通交流，才能拉近与大学生在网络社会中的距离。关于“是否与大学生在网上进行交流”的调查显示，多数高校教育工作者的答案是肯定的，但是交流的频率有待进一步提高。高校教育工作者“总是”“经常”和“有时”与大学生进行网上沟通交流的比例依次是6.3%、28.6%和29.4%，高校教育工作者“很少”和“从不”与大学生进行网上沟通交流的比例分别是32.5%、3.2%；高校教育工作者“与大学生在网上交流最多的话题”是“社会/学校热点问题”，所占比例为31.0%，其次是“现实中的困难”和“生活琐事”，所占比例分别为25.4%、11.9%。

个人主页是高校教育工作者与大学生进行网上对话、主动开展网络思想政治教育的重要途径，当前使用较为广泛的个人主页主要包括微博、微信朋友圈、QQ空间等。个人主页在信息传播、教育和引导等方面的影响力已经引起大学生思想政治教育工作者的广泛重视。全国辅导员技能大赛的基础知识测试部分专门设置了网文写作或者其他应用文写作，考查辅导员用“网言网语”开展思想政治教育的水平，是对辅导员通过微博、微信公众号等网络途径开展思想政治教育提出的明确要求，同时也体现了教育部对新时期、新形势下辅导员履职尽责能力提出了新的更高要求。调查发现，78.4%的高校教育工作者已经建立了“个人主页”，但仅32.6%的高校教育工作者表示较为希望大学生关注自己的个人主页（“非常希望”和“希望”之和），40.5%的高校教育工作者对此表示“无所谓”，14.3%的高校教育工作者表示不太希望（“非常不希望”和“不希望”之和）大学生关注自己的个人主页（12.6%的高校教育工作者跳答此题）。校园论坛作为大学生信息交流的重要平台，是大学生意见的集散地，也是反映大学生思想动态的重要窗口。如果高校教育工作者经常关注校园论坛，并参与到相关问题的讨论和交流之中，有助于他们了解大学生的真实思想动态和现实诉求。但是调查发现，高校教育工作者对大学生在校园论坛上动态的关注度有待提高，他们不经常参与大学生在校园BBS上的讨论，11.1%的高校教育工作者表示“从不”关注大学生在校园BBS上的动态，22.2%的高校教育工作者表示“从不”参与大学生在校园BBS上的讨论（见图4-3和图4-4）。

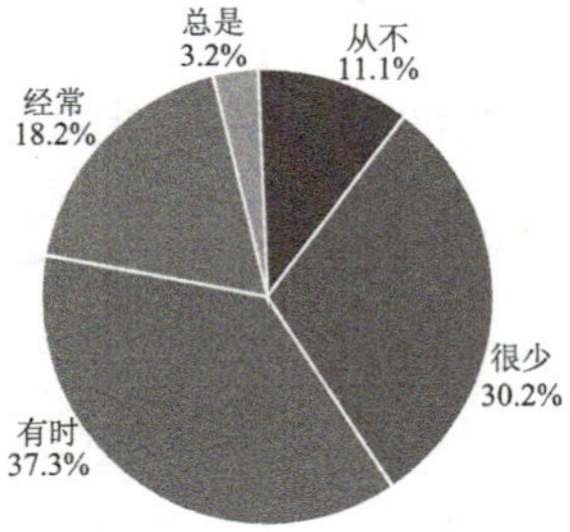

图4-3　是否关注大学生在校园BBS上的动态

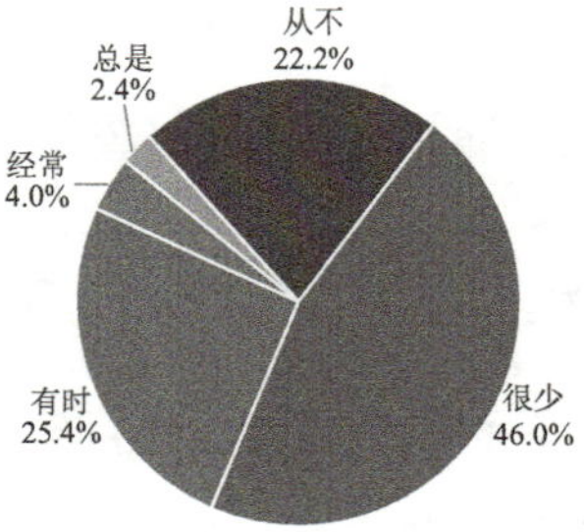

图4-4　是否参与大学生在校园BBS上的讨论

3. 对大学生某些网络行为所持的立场、态度及采取的具体举措

除了走进网络世界，与大学生直接进行网上对话外，高校教育工作者还可以通过谈心谈话、舆情引导、网络监管等具体举措加强对大学生上网行为的引导。例如，大学生的思想动态和行为方向容易受到网络舆情的影响，思想政治教育的开展也有赖于高校教育工作者对网络舆情的把控和处理；反过来，学校教育的实际效果和社会反响也可以通过网络舆论加以追踪。关于“对网络舆情的处理态度”的调查表明，高校教育工作者选择“积极处理”“避重就轻”“很少处理”“不闻不问”以及表示“不清楚”的比例依次是53.2%、19.0%、20.6%、1.6%、5.6%。除了要从思想上进一步提高对正确处理网络舆情重要性的认识外，高校教育工作者还要学习网络舆情的调查与研究方法，采取积极的处理措施。

网络游戏成瘾已成为危害大学生身心健康和学业发展的重要因素，网络游戏成瘾的大学生也已成为高校教育工作者广泛关注的对象。关于“对网络游戏成瘾大学生采取的主要措施”的调查显示，高校教育工作者采取的措施主要有“谈心谈话”（88.9%）、“告知父母”（3.2%）、“监控其网上活动”（1.6%）、“请同学监视”（1.6%），选择“不予理睬”及“其他”措施的高校教育工作者的比例分别是0.8%、3.9%。调查还发现，多数高校教育工作者“对大学生上网的监管力度”为“一般”（46.8%），监管力度“比较小”甚至“不监管”的高校教育工作者也占有一定比例，分别是28.6%、7.9%，仅16.7%的高校教育工作者监管力度较大；

高校教育工作者“对大学生上课使用手机的态度”多数是“禁止，但不严格”（57.1%）。这与大学生较大的学习和生活自主性有很大关系。

（三）高校教育引导大学生网络行为的现实做法

学校层面对大学生网络活动和网络行为教育管理体系的顶层设计，有利于调控教育关系、规范教育活动、明确职责分工，有利于提高大学生管理工作的效率，为管理、引导和规范大学生网络行为提供支持和指导，保障高校网络思想政治教育的顺利开展。另外，学校层面设计科学化、系统化、规范化的大学生网络行为教育管理体系是培养大学生良好、规范的行为习惯的必备手段，是建设健康、和谐校园文化的必由之路。

1. 建设思想政治教育类网站的现状

大学生思想政治教育类主题网站是开展大学生网络思想政治教育的重要阵地，在了解大学生的上网动态、加强与大学生的沟通交流、引导大学生养成健康的网络行为习惯、形成网上网下思想政治教育的合力等方面具有重要现实作用。近年来，大学生思想政治教育类网站建设受到重视。以安徽省某大学为例，学校建设有“思政文明网”，网站由该校党委宣传部主办，面向全校师生，设置有“工作动态”“理论学习”“精品活动”“文明风采”“文明礼仪”等栏目，大学生通过学校主页上的链接就可以直接访问该网站。在大学生中有一定影响力的全国高校思想政治教育类网站有清华大学“学生红色网站”、南开大学“觉悟网”、浙江大学“求是潮”等，此类网站面向的主要群体是本校学生，也有部分网站向全国开放。思想政治教育类网站应该建设成为集思想性、知识性、趣味性和服务性为一体的主题网站①，应该成为弘扬主旋律、开展网络思想政治教育的新阵地。但是，关于“学校是否有大学生思想政治教育

① 王贤卿.道德是否可以虚拟——大学生网络行为的道德研究[M].上海：复旦大学出版社，2011：203.

类专题网站”的调查显示，49.9%的大学生表示学校“有”此类专题网站，表示学校“没有”此类网站或者表示“不清楚”的大学生的比例分别是15.4%、34.7%。调查数据虽然不能完全准确地说明全国思想政治教育类网站的数量，但至少可以说明此类网站在大学生中暂时还没有较高的普及度和知名度。

2. 制定有关管理制度的现状

高校可以通过制定有关大学生上网及其网络行为规范的管理制度，对大学生的上网行为实施制度约束，改变大学生网络活动监管无序的状态和大学生过度上网、网络行为失范的局面，从而进一步提高管理的实效性。大学生网络行为管理制度是现代大学学生管理制度的重要组成部分，是高校调控大学生网络活动和网络行为的规范体系。一套行之有效的管理办法和管理体系有助于高校管理设想和管理理念的实现，同时能够促进有关管理目标的完成。大学生网络行为是一种社会行为，但其因活动场域的虚拟性和活动主体的不在场等原因，又明显不同于现实的社会行为。因此，高校在制定有关制度来约束和规范大学生网络行为时，必须充分考虑实施对象的特殊性和特定性，只有这样，制度才能有效运行。关于学校有关管理制度制定情况的调查表明，58.0%的大学生和66.7%的高校教育工作者表示学校有“校园网管理办法”，40.3%的大学生和39.7%的高校教育工作者表示学校有“大学生使用网络管理办法”，43.1%的大学生和35.7%的高校教育工作者表示学校有“关于大学生网络行为的规定”，余下的大学生和高校教育工作者认为学校“没有”相关规定或者表示“不清楚”（见表4–4）。从调查结果来看，目前多数高校已经制定了有关网络使用和网络行为的规章制度，但是制度的公认度不高，对相关制度表示“不清楚”的大学生和高校教育工作者占有较大的比例。公认度较低影响了制度的执行力。

表 4-4　关于学校有关规章制度制定情况的调查

选项	大学生（频率）			高校教育工作者（频率）		
	有	没有	不清楚	有	没有	不清楚
校园网管理办法	58.0%	9.6%	32.4%	66.7%	7.9%	25.4%
大学生使用网络管理办法	40.3%	10.6%	49.1%	39.7%	18.2%	42.1%
关于大学生网络行为的规定	43.1%	12.4%	44.5%	35.7%	19.1%	45.2%

3. 开展主题教育的现状

在调查中，96.8% 的高校教育工作者认为“有必要”“对大学生加强网络行为的教育引导”，这项工作的重要性已得到高校教育工作者的普遍认同，但是现阶段如何开展教育引导是摆在大家面前一个不可回避的问题。除了加强思想政治教育类网站建设、制定有关规章制度外，开展主题教育活动则是较为生动活泼、贴近实际、容易被大学生所接受的方式。但是，关于“学校开展网络行为主题教育的情况”的调查结果显示，1.4% 的大学生认为学校“总是”开展主题教育，认为学校“经常”“有时”“很少”或者“从不”开展主题教育的大学生的比例依次是 7.4%、32.8%、41.1%、17.3%。由此可见，高校目前开展大学生网络行为教育引导相关主题教育的频率并不高，现阶段的大学生网络道德教育和行为引导工作仍有很大的提升空间，其针对性和实效性有待进一步加强。

二、家庭开展大学生网络行为教育引导的现状考察

大学生的成长离不开家庭的教育和影响，家庭是他们人生的第一所学校，父母是他们的启蒙老师和健康成长的第一责任人。在网络时代，家庭是帮助大学生远离网络不文明现象和网络失范行为伤害的第一道防护线。

（一）大学生家长使用网络的基本现状

在接受调查的大学生家长中，男性和女性的比例分别是 43.5%、

56.5%；出生于“50年代”“60年代”和“70年代”的大学生家长的比例依次是4.3%、50.0%和45.7%。调查发现，大多数大学生家长都使用过网络，其中26.1%有较高的用网频率，26.0%有较高的手机上网频率。关于“工作和生活是否能离开网络”的调查显示，表示“不能”“能”和“说不清”的大学生家长的比例依次是26.1%、58.7%、15.2%。关于工作之余“上网主要做什么”的调查显示，位于前三位的是“浏览新闻”“购物”和“聊天”，所占比例依次是45.7%、17.0%和16.0%。

在现实生活中，如果一些家长没有正确的网络意识和网络行为观念，对大学生疏于引导，与他们缺乏沟通，或者自身使用网络不当，有沉迷于网络世界和网络行为失范的现象，那么他们无法为大学生树立良好的榜样、营造良好的家庭氛围，成长在这样家庭中的大学生更加容易出现网络行为失范。此次调查发现，大学生家长没有明显的网络行为失范。

（二）大学生家长对大学生网络行为现状的认知

除了大学生家长自身的网络行为会对大学生起到示范作用之外，他们对大学生在学校上网情况的关注度、与大学生在网上进行沟通交流的情况、对大学生网络失范行为危害的认识程度等，均在一定程度上反映了家庭开展网络道德教育的现状。

1. 对大学生在校上网情况的了解现状

大学生家长对于“孩子是否喜欢上网”的判断依据，主要来源于在孩子上大学之前掌握的情况和孩子假期在家上网的情况。关于这一问题的调查结果显示，明确表示大学生喜欢上网、不喜欢上网或对此表示“不清楚”的大学生家长的比例依次是71.7%、10.9%、17.4%。关于“是否了解孩子在校的上网情况”的调查显示，明确表示不了解（“非常不了解”和“不了解”之和）、“不确定”和较为了解（“非常了解”和“了解”之和）的大学生家长的比例依次是52.2%、23.9%和23.9%。可见，多数大学生家长认为大学生喜欢上网，但对大学生在校的上网情况不是非常了解。

关于大学生是否对家长“隐瞒自己真实的上网情况”的调查显示，大学生家长表示大学生“从不”“很少”“有时”“经常”和“总是”对自己隐瞒真实上网情况的比例依次是26.1%、30.4%、39.1%、2.2%、2.2%。据了解，多数大学生是住校生，离家远，与父母接触少。因而，大学生家长对大学生在校期间的真实上网情况无法直接掌控，只能依赖大学生的表述或学校的通报。

2. 与大学生网上沟通交流的现状

由于自然空间距离的增加，大学生与家长相聚的机会减少，沟通交流的时间也不够充足，导致他们相聚和交流的成本增加。网络的出现则可以在一定程度上缩小家长与大学生之间的时空距离，大学生家长通过网络可以与大学生实现实时沟通与交流。

关于“与孩子在网上进行交流的情况”的调查显示，没有大学生家长“总是”与大学生在网上进行交流，选择“经常”“有时”“很少”和“从不”与大学生在网上进行交流的大学生家长的比例依次是10.9%、34.8%、26.1%、28.2%。调查还发现，大学生家长与大学生在网上交流最多的话题是“生活琐事”（占比28.3%），其次是“社会/学校热点问题”（占比21.7%），交流最少的话题则是“爱情/情感类”和“现实中的困难”（均占比4.4%）。

关于“孩子是否有个人主页”的调查显示，82.6%的大学生家长明确表示孩子“有”个人主页，认为大学生“没有”个人主页或对此表示“不清楚”的大学生家长比例分别是10.9%和6.5%；关于“是否关注孩子的个人主页”的调查显示，对大学生个人主页的关注度较高（“总是关注”和“经常关注”之和）、“偶尔关注”、“不关注”和“从不关注”的大学生家长的比例依次是17.4%、32.6%、30.4%、19.6%。个人主页是大学生表达情感、分享生活、展示自我的重要平台。从调查结果来看，有一定比例的大学生家长开始通过关注个人主页来关注大学生在校期间的动态，主动加强与大学生的沟通交流，但总体关注度不太高。

3. 对大学生网络行为失范及其危害的认识现状

大学生家长对大学生网络行为的态度、监管和教育引导，直接影响大学生网络行为的发展方向。

关于“网络与大学生学习的关系”的调查显示，45.7% 的大学生家长明确表示“耽误学习”；71.7% 的大学生家长认为“玩网络游戏给大学生造成的最大困扰”是“影响学习”；78.3% 的大学生家长认为“大学生浏览黄色网站产生的最坏影响”是“影响身心健康”；69.5% 的大学生家长较为同意“网络会对大学生的‘三观’产生很大影响”的说法；71.7% 的大学生家长较为同意“越来越多的大学生成为‘屏奴’”的说法；84.7% 的大学生家长较为同意“很多大学生在论坛中的言论是不负责任的”的说法（以上“较为同意”均指的是“非常同意”与“同意”之和）。

关于“是否支持孩子参与网络‘人肉搜索’”的调查显示，大学生家长均不太支持孩子的这种网络行为，明确表示“非常不支持”“不支持”和“无所谓”的大学生家长的比例依次是32.6%、47.8% 和 19.6%。

关于“大学生是否会浏览色情、暴力等不良信息”的调查显示，多数大学生家长对此表示“不清楚”（71.8%），认为“很少”“比较多”或“没有”的大学生家长的比例依次是 13.0%、8.7%、6.5%。

多数大学生家长对沉迷于网络游戏、浏览黄色网站、过度使用手机上网等网络失范行为给大学生所造成的危害已有一定的了解。

（三）大学生家长对大学生网络行为教育引导的现状

在我国传统应试教育的长期影响下，一些家长将孩子考上大学作为整个家庭的奋斗目标和自己的终极任务，将孩子考上大学与家庭教育任务的终结画等号。因此，一些家长对高校教育的现状了解甚少，对孩子上大学之后的监督和教育明显减少甚至缺失。

调查发现，接近半数（47.8%）的大学生家长对高校目前的大学生上网教育管理工作给予了肯定（认为“很好”和“比较好”），34.8% 的大学生家长认为“一般”，认为“不好”和“很不好”的大学生家长比例之和为17.4%；37.0%的大学生家长较为同意“大学生网络思想政治教育‘有名无实’”的说法；89.2%的大学生家长较为同意“高校应创新思想政治教育引导的途径和方法”的说法（以上“较为同意”均指的是“非常同意”与“同意”之和）。在大学生家长看来，学校教育还有很大的创新和提升空间，同时他们对学校教育引导大学生养成健康的网络行为习惯有更高的要求。但是，大学生家长作为学生健康成长的第一责任人，对其自身关于大学生上网活动和网络行为的教育和监督方面的要求与对学校的要求并不一致。

调查结果表明，表示能够较为严格（“非常严格”和“严格”之和）地管理大学生上网的大学生家长的比例是30.4%，表示不太严格（“非常不严格”和“不严格”之和）和“说不清”的大学生家长的比例分别是52.2%、17.4%；21.7%的大学生家长对孩子玩游戏进行干预的频率较高（“总是”和“经常”），“有时”或者干预频率较低（“很少”和“从不”）的大学生家长的比例分别是39.1%、39.2%；仅26.1%的大学生家长对网络热门事件的态度是“积极处理”。调查还发现，大学生不太乐意家长干预自己的上网行为，大学生家长表示当对上网进行干预时，大学生的反应是“立即停止”“适当减少”“不予理睬”和“变本加厉”的比例依次是26.1%、30.4%、39.1%、4.4%。可见，大学生家长对大学生网络行为疏于教育和引导，会直接导致大学生对父母监督管理的排斥。

从现实案例来看，家庭的教育和家长的影响对于引导大学生养成健康的网络行为习惯有着不可替代的作用。首先，从物质层面来看，对于无经济收入的大学生来说，在校期间的费用绝大多数来源于家庭，家长不给大学生过多的生活费，严格控制他们可以自由支配的费用，对于减少大学生进入网络经营场所的次数、预防大学生沉迷于网络和在网络上花费过多金钱具有一定的作用。其次，从情感层面来看，家长是大学生最亲近、最信任的人，也是大学生成长过程中最值得依赖的人，家庭亲情的影响和家长对大学生教育的付出，在帮助大学生养成健康网络人格、良好网络行为习惯的过程中有事半功倍的效果。

由此可见，大学生家长已经较为关注大学生的网络行为，但监督、管理、教育、引导的办法还比较欠缺，力度还不够。

三、社会宏观调控与监督管理的现状考察

网络社会是一个不同于现实社会的、独特的、跨越时空限制的虚拟空间，这个空间中存在着诸多的可变性和不确定性，这些因素在促进人与人之间产生关联的同时，也给活跃于其中的人们带来了许多风险。从社会层面加强调控和监管，降低网络虚拟空间的风险，为大学生创造一个和谐的网络社会，有助于预防和消除大学生网络行为失范的发生。

（一）社会宏观调控方面

习近平总书记明确指出，没有网络安全就没有国家安全，网络空间是亿万民众共同的精神家园，要为广大网民特别是青少年营造一个风清气正的网络空间。网络安全关乎国家安全，关乎青少年的健康成长；同时，没有信息化就没有现代化，信息化是现代社会发展的必然趋势。如何应对信息化给大学生乃至整个社会带来的影响是政府及有关部门应该重点思考的问题，因为他们担负着对整个互联网的宏观调控、安全保障、监督管理和环境净化等重要职能，他们是使大学生远离网络不良影响的“防火墙”。

从国家层面来看，党中央专门成立了中共中央网络安全和信息化委员会、中国互联网络信息中心、全国“扫黄打非”工作小组办公室等机构，建设和监管国家网络环境。中国互联网络信息中心于1997年11月发布了《第1次中国互联网络发展状况统计报告》，此后每半年向社会大众报告1次我国互联网发展及网民使用互联网的状况，即确立了半年一次的报告发布机制，至2021年2月共发布了47次中国互联网络发展状况统

计报告。“净网行动”是严厉打击利用网络制作并传播淫秽色情信息行为的特别行动，该行动在一定程度上抑制了传播淫秽色情信息的不正之风。此外，国家还开展了“新风”“护苗”“秋风”等“扫黄打非”专项行动，治理网络不良环境、惩治网络犯罪，关闭了传播或包含色情和低俗信息的网站、频道、贴吧或微吧等，依法查处了参与违法违规网站制作和内容传播的相关责任人，社会宏观调控收到成效。

（二）社会监管举措方面

近年来，随着网络的普及和发展，社会监管不到位、网络安全问题等严重威胁着网络环境，对大学生网络道德建设、文化引领及行为引导产生不良的影响。调查发现，除“大学生的主体因素”和“自我放纵”外，接受调查的大学生、高校教育工作者与大学生家长均认为“社会的客观因素”是导致大学生网络行为失范的主导因素，“社会风气不好”是导致大学生网络行为失范的最主要原因（见图4-7和图4-8）。

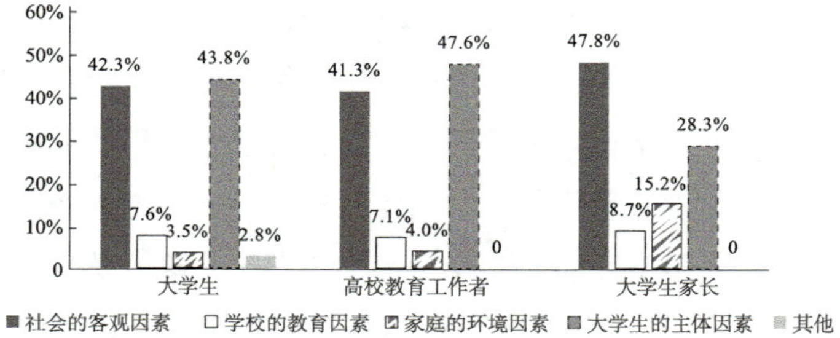

图4-7　导致大学生网络行为失范的主导因素

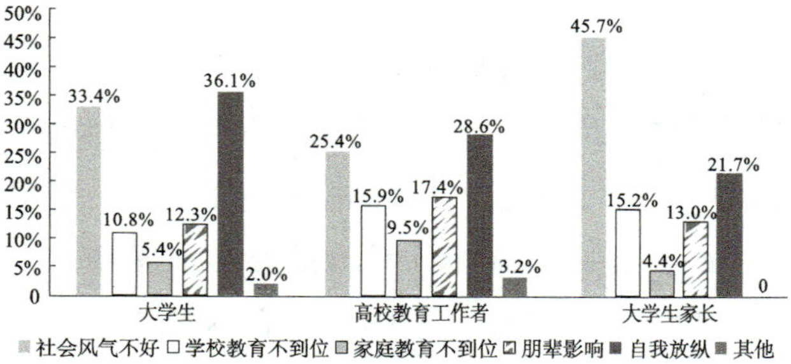

图4-8　导致大学生网络行为失范的最主要原因

就目前来看，虽然社会层面也积极采取了一些举措，但仍然对大学生网络行为失范负有不可推卸的责任。为抵制网络不良信息对大学生的影响，接受调查的大学生、高校教育工作者和大学生家长均认为当下最重要的做法是“加强网络法制建设”和“加强网络道德建设”（见表4-5）。

表4-5 抵制网络不良影响的最重要做法

选项	大学生		高校教育工作者		大学生家长	
	频数/人	频率	频数/人	频率	频数/人	频率
加强网络法制建设	724	42.4%	62	49.2%	20	43.5%
加强网络道德建设	439	25.7%	26	20.6%	11	23.9%
从技术上管制	74	4.3%	9	7.1%	9	19.5%
禁止大学生去网吧	24	1.4%	8	6.4%	5	10.9%
加强网站建设	186	10.9%	10	8.0%	1	2.2%
加强学校教育	123	7.2%	0	0	0	0
加强家庭教育	106	6.2%	9	7.1%	0	0
其他	32	1.9%	2	1.6%	0	0
合计	1708	100%	126	100%	46	100%

从社会层面来看，已经采取一定的措施来应对大学生网络行为失范，如网络场所上网实名制、开展“打黄扫非”活动等，也收到了一定的成效。例如，57.3%的大学生和65.1%的高校教育工作者认为“进入网吧须凭借居民身份证”的举措对于引导大学生的网络行为较为有效；67.3%的大学生和74.6%的高校教育工作者认为通过“开展‘网络扫黄’专项行动来净化网络环境”较为有效（“较为有效”均指“有效”和“非常有效”之和）（见表4-6）。

表4-6 以下做法能否有效引导大学生的网络行为

选项	进入网吧须凭借居民身份证		开展“网络扫黄”专项行动来净化网络环境	
	大学生（频率）	高校教育工作者（频率）	大学生（频率）	高校教育工作者（频率）
非常无效	8.3%	8.7%	5.0%	5.6%

续 表

选项	进入网吧须凭借居民身份证		开展"网络扫黄"专项行动来净化网络环境	
	大学生(频率)	高校教育工作者(频率)	大学生(频率)	高校教育工作者(频率)
无效	17.0%	12.7%	7.7%	3.2%
无法确定	17.4%	13.5%	20.0%	16.6%
有效	40.6%	51.6%	47.0%	55.6%
非常有效	16.7%	13.5%	20.3%	19.0%
合计	100%	100%	100%	100%

此外，50.4%的大学生和55.6%的高校教育工作者认为“制定法律法规来打击和制止网络危害行为”较为有效；60.8%的大学生和66.6%的高校教育工作者认为“利用网络实名制遏制匿名环境下的不文明行为和网络犯罪”较为有效（见表4–7）。可见，多数受访者认为目前已采取的一些具体举措较为有效。

表4–7　以下做法能否有效引导大学生的网络行为

选项	制定法律法规来打击和制止网络危害行为		利用网络实名制遏制匿名环境下的不文明行为和网络犯罪	
	大学生(频率)	高校教育工作者(频率)	大学生(频率)	高校教育工作者(频率)
非常无效	4.3%	6.3%	4.7%	4.8%
无效	9.9%	4.0%	6.5%	2.4%
无法确定	35.4%	34.1%	28.0%	26.2%
有效	39.9%	50.0%	46.6%	55.5%
非常有效	10.5%	5.6%	14.2%	11.1%
合计	100%	100%	100%	100%

四、大学生网络行为教育引导存在的主要问题与成因分析

在前文深入分析高校开展大学生网络道德教育和行为引导现状的基础上，剖析其中存在的主要问题及问题产生的基本原因，是正确把握大学生网络行为教育引导方向的必然要求，也是探索确立大学生网络行为

教育引导路径的重要依据。

（一）大学生网络行为教育引导存在的主要问题

1. 教育内容的时效性不强，表现形式较为单一

网络上丰富的信息资源可以充实大学生思想政治教育的内容，为大学生思想政治教育工作者提供大量生动鲜活的素材，扩大教育内容的覆盖面。但网络资源目前并没有很好地发挥其教育功能，没有充分地被大学生思想政治教育工作者用于大学生网络道德教育。另外，大学生网络道德教育目前通常以传统的思想政治教育理论知识为主要内容，时效性不强，很难与时俱进地满足大学生的需求；而且教育内容多以平面化形式呈现，表现形式较为单一，教育效果不明显，难以实现大学生网络道德教育的目标。以大学生思想政治教育类主题网站建设为例，从调查来看，网站内容偏重于理论知识介绍，网站访问量不高，在大学生中暂时还未形成较高的普及度和知名度，难以发挥其大学生网络思想政治教育阵地作用。

在信息化时代，网络为高校教育工作者和大学生平等地提供全方位的、海量的信息资源，学校教育不再是大学生获取知识的唯一途径。大学生通过网络获取自己想要的知识和信息，而不受限于在固定时空接受学校的知识传授，学校教育在思想引领、道德教育和行为引导等方面的作用和价值受到一定的冲击。

2. 教育载体的创新性不足，网络平台建设滞后

思想政治教育载体是指在实施思想政治教育的过程中，能够承载和传递思想政治教育的内容或信息，能为思想政治教育主体所运用，促使思想政治教育主客体之间相互作用的一种活动形式和物质实体①。随着时代的发展，大学生成长过程中出现的各种新问题以及大学生思想政治教育内容的不断变化，均对大学生思想政治教育的载体提出新的要求。

① 曾令辉，贺才乐，陈敏．思想政治教育载体研究的回顾与展望[J].思想教育研究，2014(10):20.

网络成为大学生思想政治教育的重要载体，是信息技术发展的必然趋势。有学者根据外显的方式来划分思想政治教育载体，其中明确包括网络载体①。作为载体，网络除了具备传播信息的属性外，还具备全球化、共享性和交互性等超越传统载体的新属性。

随着思想政治教育环境的变化发展，高校教育工作者对网络的运用不应该局限于通过网页或班级群发布通知，利用QQ或微信与大学生进行网络交流等，还应积极建设和拓展网络思想政治教育平台，建设能够承载更多教育内容、符合大学生实际、满足大学生需求、能够拉近师生之间距离的网络教育平台。但是从目前来看，网络在更多时候仅被当作一种上传下达的工具，而并非促进高校教育工作者与大学生之间相互作用的教育载体。高校教育工作者看重的是网络的快速高效及其为管理工作所带来的便捷，他们利用网络开展思想政治教育也是以使用其传统工具及其信息传播功能为主。可见，高校教育工作者对网络教育载体的创新及对其新属性的拓展均有所欠缺。

3. 教育实践的互动性不佳，师生沟通交流缺乏

只有师生间建立起密切的网络联系，才能建立起彼此在网络上的信任，高校教育工作者才能真正地走进大学生的网络世界，了解大学生网络行为的真实状况，从而有效地开展教育引导活动。从上文的分析来看，高校教育工作者与大学生的网上交流、网上互动不够频繁，对大学生网上动态的关注不够密切，参与大学生网上讨论的积极性不够高，一些高校教育工作者甚至不太愿意让大学生关注自己的个人主页，这些都是客观存在的现象。面对大学生网络行为失范，高校教育工作者采取的仍然是以说教为主的教育方法，较少从问题的根源及问题发生的“场域”出发，去寻求教育引导大学生网络行为的路径和方法。

总体来看，高校教育工作者与大学生在网络空间的互动性不佳，至少从高校教育工作者方面来看，主动与大学生进行网络沟通交流的意愿

① 贺才乐.思想政治教育载体及其研究价值[J].上海交通大学学报(社会科学版)，2002,10(02):91.

不太强烈，有些高校教育工作者甚至没有向大学生开通互相交流的网络通道，师生间自然缺乏沟通交流，彼此在网络虚拟空间中的距离也就无法拉近。在教育实践过程中，高校教育工作者与大学生之间缺乏沟通交流、互动性不佳，是大学生网络行为教育引导过程中不容忽视的问题。

4. 家庭教育的参与度不高，家长网络素质偏低

与孩子一生要接受的教育相比，家庭的教育是基础性的，其影响是长期性的，对孩子的健康成长、良好行为习惯和道德素质的养成起着非常重要的作用。在网络时代，家庭是帮助孩子远离网络不文明现象和网络失范行为伤害的第一道防护线，家长是第一责任人。调查发现，“家庭”是大学生网络使用费的主要来源（占比82.8%），大学生使用的电脑、手机等上网工具多数也由家长购买。家庭为大学生上网提供了基础硬件，如果没有这些硬件支持，大学生就不可能自由、便捷地使用网络。但是大学生家长可能没有预料到网络惊人的发展速度和网络对于大学生愈加凸显的重要性，更加没有预料到网络在不断影响大学生的健康成长。在大学生家长看来，网络只不过是大学生学习和生活的工具，而不是他们学习和生活的重要组成部分。调查还发现，大学生家长对“孩子在校的上网情况”不太了解（“非常不了解”和“不了解”所占的比例之和为52.2%），大学生家长对孩子上网的管理不够严格（“非常不严格”和“不严格”所占的比例之和为52.2%），对大学生网上动态的关注也不够（“总是关注”和“经常关注”所占的比例之和仅为17.4%）。在大学生网络行为教育引导的过程中，家庭教育的参与度并不高。另外，很多大学生家长在日常工作和生活中不太使用网络，甚至有部分大学生家长不会使用网络（占比13.0%）。大学生家长使用网络的能力普遍不如大学生，是制约他们参与大学生网上活动的重要因素。因此，家庭教育的参与度不高以及大学生家长网络素质偏低等因素是目前大学生网络行为教育引导存在的又一主要问题。

5. 社会教育的配合度不高，全员育人氛围不浓

社会是教育的大环境，肩负着重要的育人功能。在网络时代，社会教育的大环境必然会发生重大变化。调查发现，大学生、高校教育工作者及大学生家长均认为“社会的客观因素”是造成大学生网络行为失范的主导因素，“社会风气不好”是造成大学生网络行为失范的最主要原因（数据见图4-7和图4-8）。“社会的客观因素”主要包括网络环境混乱、网络信息良莠不齐、网民群体鱼龙混杂等，“社会风气不好”则主要指网络环境中存在网民行为失范等。这些社会问题是规范大学生网络行为的严重障碍。

在网络空间中，大学生行为的“场域”是开放、虚拟、共享的，网络就如同一个虚拟的社会，活跃于其中的大学生就是一个个“社会人”；同时，这个虚拟社会完全由现实社会中的人操控。因此，互联网时代，在继续教育、终身教育和学习型社会等观念深入人心的大环境下，与家庭教育和学校教育并列构成教育三大体系的社会教育，对于大学生健康网络行为习惯的培养负有不可推卸的教育责任，它是对人一生影响最大、最持久的教育[①]。

但是作为社会教育重要内容的网络文明素养教育并没有被密切关注和全面展开，社会教育在大学生网络文明素养教育方面没有很好地为学校教育和家庭教育作补充。很多网民在网络空间的行为是随意的甚至肆意的；社会中的一些个人或集团甚至会在经济利益的驱使和推动下，蓄意制造错误的舆论氛围和不良媒介生态环境，影响大学生的价值判断，甚至加剧大学生网络行为的失范。因此，全社会在开展大学生网络行为教育引导上还没有完全形成合力，社会教育与学校教育、家庭教育的配合度不高，导致全员育人的氛围不浓，这些问题制约着大学生网络行为教育引导的有效开展。

（二）大学生网络行为教育引导存在问题的成因分析

造成大学生网络行为教育引导存在上述问题的原因很多，有大学生

① 侯怀银，张宏波．“社会教育”解读［J］．教育学报，2007，3(04)：3.

自身方面的原因，也有学校、高校教育工作者及环境层面的原因，具体来说有以下四点。

1. 大学生层面：参与教育引导活动的积极性和主动性不高

在大学生网络行为教育引导过程中，大学生主体的参与对于实现教育引导目标来说至关重要，可以说，大学生参与的积极性和主动性是这一教育活动成功与否的决定性因素。大学生网络行为教育引导既是大学生思想政治教育的重要内容，但又不同于传统的大学生思想政治教育。在大学生网络行为教育引导过程中，大学生既是教育的主体又是教育的对象。在网络中，没有现实社会中种种规章制度的约束，渴望自由与独立的大学生很快发展为其中的活跃群体，一些大学生甚至把网络当作逃避现实的“避风港”。大学生网络行为教育引导的大环境是网络，网络给了大学生无限自由和广阔的活动空间，同时也给了他们较大的自主选择的权利。对于在网络上开展的教育引导活动，因为没有现实教育制度的约束，大学生可以参加也可以不参加，其决定权完全掌握在大学生手中。如果教育过程缺少教育对象的参与和配合，那么教育活动不仅没有任何效果可言甚至都无法开展。网络行为失范的大学生作为教育对象参与教育引导过程的积极性和主动性不高，是大学生网络行为教育引导效果不明显的最直接的原因。

2. 学校层面：对大学生网络行为教育引导重要性的认识不够

培养大学生的网络文明素养、规范大学生的网络行为，是高校开展大学生网络行为教育引导的最直接目的。随着用网的深入，强烈的好奇心和求知欲在网络上得到满足的同时，大学生也不断地受到网络的冲击，最突出的影响是网络行为失范。学校是对大学生集中开展思想政治教育的最主要场所，学校层面对大学生网络行为失范的关注度和重视度是应对和解决这一问题的关键。但是高校对网络在大学生学习和生活中重要性的认识不到位及对网络对大学生产生不良影响预判的不准确，直接影响了大学生思想政治教育内容的更新，以及大学生网络行为教育引导工作的决策和部署。就目前来看，高校还没有形成一套完整的大学生思想政治教育机制来对大学生进行网络道德教育和健康网络行为的引导，网络思想政治教育阵地的作用没有得到充分发挥，大学生网络道德教育的格局也尚未形成。因此，网络给大学生带来的负面影响没有得到有效遏制，大学生网络行为失范依然存在，高校层面对这一教育工作重要性的认识不够是导致大学生网络行为教育引导存在问题的一个基本原因。

3. 高校教育工作者层面：网络综合素质跟不上，主体地位降低

在大学生网络行为教育引导过程中，高校教育工作者和大学生都是教育活动的主体，这样的关系模式有利于他们在教育过程中发挥各自的主观能动性。但是受传统教育观念的影响，一些大学生思想政治教育工作者习惯于采取以说教为主的传统思想政治教育模式，教育内容很少涉及网络道德教育，大多停留在书本理论知识的介绍而忽略了网络思想政治教育素材的引用；一些大学生思想政治教育工作者对现代大学生思想政治教育的认识存在偏差，他们的思想观念和教育理念没有紧跟时代的步伐，他们的教育手段也没有随着科技进步而不断革新。另外，一些高校教育工作者的网络综合素质不高，对网络不了解、对网络热门事件不关注、对网络运用不擅长甚至不会使用网络。因为没有现实教育中的知识和经验优势，高校教育工作者在网络中就不再像现实教育中那样得心应手，也就无法及时洞察与矫正大学生的网络失范行为，难以承担网络思想政治教育的重任。因此，高校教育工作者网络综合素质跟不上时代的发展和大学生的需求，会直接影响大学生网络行为教育引导的开展及实际效果。

4. 环境层面：网络监管混乱和制度执行乏力

网络在为大学生思想政治教育提供丰富教育资源的同时，也带来了许多信息垃圾。这些信息垃圾在一定程度上会影响甚至左右大学生的思想观念与价值判断。网络社会与现实社会不同，首先它是虚拟的，其次它是不易监管的，网络环境越混乱越容易滋生问题，大学生网络行为失范的概率也就越高。目前，网络环境的净化问题已引起社会的普遍关注，政府运用综合治理思路，采取了多项举措，但在实际运行过程中仍然存在着问题，其问题主要集中在监管体制和制度执行两个方面。有学者指出，我国网络环境监管的现状是“多头管理、政出多门、十龙治水”[①]，即国家有多个行政部门参与互联网的综合治理，但各部门权责划分及管理分工不同，在管理过程中不可避免地出现因协作不足而导致的多部门同时管或者多部门都不管的尴尬局面。导致网络环境混乱的另一个原因是国家层面管理法规的缺失及现有制度执行的乏力。从国家现有的法律法规来看，关于网络环境的治理缺少根本性、直接性的法律规定；网络环境治理工作经常是在临时性需求的刺激下开展的，缺少系统的布局和长远的规划。随着信息技术的发展和互联网的普及，网络环境的综合治理将不断得到国家和社会的重视，社会监管体制也将不断完善，但不可能一揽子彻底解决所有问题，而问题的持续存在将会不断诱发大学生网络行为失范并影响网络行为教育引导工作的开展。

① 李小宇.中国互联网内容监管机制研究[D].武汉:武汉大学,2014:132.

第五章 大学生网络行为教育引导的主要目的、基本原则与路径选择

从前文对调查结果的分析发现，大学生网络行为的主流是健康的，但是一些网络失范行为在大学生中也是存在的。法国社会学家涂尔干认为，对正常的社会秩序而言，行为失范现象实际上是一种可以治愈的反常现象或者病态现象①。因此，大学生网络行为失范并不可怕，它是可以“治愈”的。然而，值得思考的是，一些大学生对网络行为失范缺乏最基本的理性认知和价值判断，导致他们在网络的“沼泽地”中越陷越深。网民们以其丰富的线上活动将网络打造成一个极具特殊性和开放性的虚拟社会，网络道德则是虚拟社会中人们一切行为的准则。网络道德能否被接受，转变成大学生网络行为选择的道德准则，主要取决于网络道德的存在是否符合网络社会发展的规律性和必然性，取决于它能否内化为大学生的道德需要。网络道德能够在多大程度上内化为大学生主体的道德需要，更多地取决于它在大学生中的传播程度以及大学生对其认识和认可程度，取决于网络道德教育实施效果的好坏。

学校是对大学生集中开展思想政治教育的最主要场所，对大学生网络行为习惯和网络道德意识的养成负有不可替代的重要责任。因此，大学生思想政治教育工作者必须积极适应网络时代对大学生思想政治教育提出的新要求，主动占领网络思想政治教育新阵地，通过教育提高大学生的网络文明素养，让他们成为网络社会的重要道德群体，主动承担起维护网络社会秩序、传播网络文明的重任。

---

① 王贤卿.道德是否可以虚拟——大学生网络行为的道德研究[M].上海:复旦大学出版社,2011:203.

一、大学生网络行为教育引导的主要目的

人的实践活动从来是蕴含目的在其中的①。有学者认为，思想政治教育的目的是指通过思想政治教育活动在受教育者的思想和行动等方面所期望达到的结果②。明确了大学生网络行为教育引导的目的，就可以为教育引导活动指明方向，为教育引导活动的开展提供动力，为教育引导活动的成效提供衡量指标。明确大学生网络行为教育引导的主要目的，是做好这一工作的前提和条件。大学生网络行为教育引导的目的主要包括培养大学生的网络文明素养、预防大学生网络行为失范，以及发挥大学生网络道德榜样的示范引领作用。

（一）培养网络文明素养

网络文明素养是网民在网络虚拟社会中为人处世的基本品质，是网民网络思想政治素质、网络文化素质以及网络心理素质等的综合体现。大学生是网民群体中的先进分子，他们接受着先进思想观念和科学文化知识的熏陶，充当着现实社会文明素养的标尺。同样，在网络空间中，大学生也应当发挥示范效应，促进网络社会文明建设，提升网络社会文明水平。面对丰富多样的网络媒体资源和日益复杂的网络虚拟环境，大学生自身具备较高的网络文明素养是他们科学地认识网络、辩证地观察网络、健康地使用网络，以及自觉地遵守网络道德、维护网络秩序的重要保障。因此，开展大学生网络行为教育引导的根本目的是培养大学生的网络文明素养，引导他们成为有立场、有道德、有素质的文明网民，促进他们与网络社会的良性互动。

① 吴波.社会发展的规律性与人的目的性[J].江苏大学学报(社会科学版),2010,12(05):2.

② 陈万柏,张耀灿.思想政治教育学原理[M].2版.北京:高等教育出版社,2007:72.

（二）预防网络行为失范

大学生网络行为失范在大学生中是客观存在的现象。高校确立大学生网络行为教育引导的目的，必然要考虑大学生主体、高校教育效果和社会大环境这三个方面的因素，可以概括为三点：大学生网络行为的现状，网络给大学生思想政治教育带来的机遇和挑战，网络社会发展的客观需要。不论是哪方面因素，问题意识都应该贯穿始末，解决实际问题是教育活动的价值所在。大学生网络行为失范是迫切需要解决的现实问题。如前文所述，大学生网络行为失范可能表现为传播非主流意识形态、扩散网络不良资讯、浏览网络黄色信息、沉迷网络游戏、实施网络暴力、滥用网络语言、侵犯网络知识产权、参与网络犯罪等，这些不良现象是大学生网络行为失范的最直观表现，给大学生思维模式、思想观念、行为方式、价值取向、心理发展等带来的影响也较为深远。因此，大学生网络行为教育引导的根本目的是培养大学生的网络文明素养，其直接目的则是规范大学生的网络言行，预防网络行为失范的发生。

（三）发挥示范引领作用

大学生网络行为教育引导的目的，是指通过教育引导活动，期望大学生在网络思想和网络行为等方面所达到的结果，是高校教育工作者对接受教育引导的大学生在网络虚拟社会中思想道德表现和行为习惯的期望和规定。大学生网络行为的教育引导属于思想政治教育的范畴，并围绕实现思想政治教育目的这一主线而开展。有学者认为，思想政治教育的终极目标是人的全面发展[①]。因此，大学生网络行为教育引导不仅仅是开展网络道德教育及向大学生传输科学的网络观，更重要的是使大学生在思想上、情感上以及内心深处产生共鸣、接纳与吸收并付诸网络行动的实质性正向改变，使接受过系统的思想政治教育的大学生主动在网

① 陈万柏，张耀灿．思想政治教育学原理[M].2版．北京：高等教育出版社，2007：73.

络社会中做社会主义核心价值观的自觉践行者，逐渐成为网络社会的道德责任主体，主动承担起维护网络社会秩序、传播网络文明的重任，引领网络社会的道德进步，使网络文明与现实文明相互促进，共同发展。这是大学生网络行为教育引导的终极目的或者说是其长远目的。

概括起来，大学生网络行为教育引导的主要目的为：培养大学生的网络文明素养，预防大学生网络行为失范，把他们培养成为重要的自觉践行社会主义核心价值观的网民群体，并发挥其道德榜样的示范引领作用，引领网络社会的道德风尚。

二、大学生网络行为教育引导的基本原则

高校开展大学生网络行为教育引导的原则，是高校在教育引导大学生网络行为的过程中必须遵循的基本准则，准确把握教育引导的原则有利于高校教育工作者在教育过程中正确处理各种关系，科学选择教育的路径，有效增强教育的效果。因此，在探索大学生网络行为教育引导的路径之前，非常有必要厘清教育引导应该遵循的基本原则。

（一）虚实结合原则

虚实结合原则是由大学生网络行为教育引导本身的特点及其规律所决定的。首先，虚拟性是网络空间的特点，网络空间不同于现实空间，网络中的内容以符号、文字、声音、图像和视频等电子文本的形式存在，但其载体是无形的；其次，活跃于网络空间的人的身份是虚拟的，人们曾用“在互联网上没有人知道你是一条狗”来形容活跃于网络空间中网民身份的虚拟性；最后，网络空间的行为是网民在互联网终端操纵键盘和鼠标，通过符号、文字、声音、图像等来表达自己的意愿，这些行为没有现实行为的真实性，具有很强的虚拟性。可以说，虚拟性是网络社会的属性，是大学生网络行为的特点，也是大学生网络行为教育引导的本质体现。大学生网络行为教育引导是基于网络虚拟空间而存在的

一种思想政治教育。

现实性指的是大学生作为网络行为的主体是真实存在的，行使网络行为的动机、支撑网络行为的动力，以及行为背后的道德准则都是真实存在的；而且网络行为本质上是社会行为，伴随网络行为而产生的结果反映在行为主体上也是真实存在的。大学生网络行为教育引导的现实性主要表现为客观性和必然性，指的是高校开展大学生网络行为教育引导是社会发展和大学生思想政治教育发展的客观要求，也是必然趋势。

坚持虚实结合原则，要求大学生网络行为教育引导要准确把握网络空间的虚拟性特征，虚拟社会不等同于现实社会，高校要采取大学生能够接受的、贴近实际的、贴近网络的教育引导方法，主动占领网络思想政治教育阵地。另外，虽然网络行为发生的场域和教育引导的主阵地都是虚拟的，但是教育过程中的人，即教育工作者和教育对象都不是虚拟的，他们是现实社会真实存在的个体。开展大学生网络行为教育引导要准确把握教育对象的特点，充分发挥大学生思想政治教育工作队伍的作用。因此，高校开展大学生网络行为教育引导要坚持虚实结合原则。

（二）主体间性原则

主体间性也被称为交互主体性、主体际性，它是主体性的重要组成部分，也是对主体性研究的丰富和深化。传统的主体哲学把主体与外界的关系界定为“主体与客体”的关系，将主体以外的一切人或物都视为被主体认识、使用、改造和占有的对象，被当作客体，否定了人与人之间的“共在”。主体性是在主客体关系之中体现的，它是主体在与客体相互作用中表现出来的特性。主体间性则是一种消除主客体之间对立关系和主体中心主义的新主体哲学，它的提出有效解决了主体认识和实践模式所面临的处理人与人之间关系时“他人不是客体”的困窘，主客关系所彰显的个人主体性的张扬而造成个人私欲膨胀等问题①。新主体哲

① 吴岳军.论主体间性视角下的师生关系及其教师角色[J].教师教育研究,2010,22(02):41.

学认为人与人之间的关系，特别是师生之间的关系是主体间关系，即教师和学生任何时候都是教育教学过程的主体，他们之间相互作用、相互影响。

高校开展大学生网络行为教育引导应坚持主体间性原则，师生之间的关系模式应由以往单纯的以大学生为中心、以大学生为主体的“主体—客体”或者“主体—中介—客体”的模式，转变为“主体—主体”或者“主体—中介—主体”的新的关系模式，既要体现大学生的主体性，也要体现高校教育工作者的主体性。这种关系模式强调教育工作者和受教育者都是教育活动的主体，有利于师生之间把彼此视为具有独立人格的个体，有利于他们在教育过程中发挥各自的主观能动性。在大学生网络行为教育引导过程中坚持主体间性原则，教育过程就是一个教育主体与被教育主体之间平等交流对话、相互尊重理解的交往过程，符合大学生思想政治教育的规律和特点，也是网络环境下开展大学生思想政治教育的必然要求。

在网络虚拟空间中，大学生有比现实社会更大的行为自由，他们可以完全按照自己的意愿活跃于网络空间，不受约束地做自己想做和愿意做的事情，他们更加不可能被动地去接受教育工作者的理论灌输和教育影响。网络空间中主体身份不在场的特点也给了大学生更大的接受教育的自由，除非教育对象能动地接受教育工作者的教育引导，否则没有现实“熟人”社会压力的大学生不会因为教育工作者教育影响的外因而将现实社会道德要求移植到网络社会。因此，高校教育工作者要充分尊重大学生，尊重他们现实或网络中的独立人格，提高大学生网络行为的自觉性、主动性和能动性，激发他们在网络社会中自我教育的主动性，帮助他们以主体的姿态认识自我、改造自我。但是，这并不是否定高校教育工作者的地位和作用。相反，大学生主体性作用的发挥离不开高校教育工作者的教育和引导，这就要求在教育过程中起主导作用的高校教育工作者主动了解网络、走进网络、融入网络，主动与大学生加强主体间的交流，主动教育、引导、激励及通过自身示范行为启发沉浸于网络世界的大学生，增进彼此之间的了解、理解和信任，以便实现教育引导的目的和增强教育实效性。

网络社会的虚拟性、开放性，给了大学生网络行为较强的自主性和能动性。在教育过程中，要坚持和正确把握主体间性原则，充分发挥教育工作者和受教育者的主观能动作用，在对象化活动基础上建立起教育者“价值引导”与被教育者“主动建构”的教育过程[①]，实现大学生网络行为教育引导的目的并取得教育引导的成效。

（三）主动传播原则

网络行为教育引导与传统的大学生思想政治教育不同，它要求高校教育工作者充分认识网络传播的特点和规律，结合大学生网民群体的精神需求和发展需要，利用他们超强的求知欲，在网络这个新的思想政治教育阵地中积极主动地传播社会主义核心价值观和人类先进文化与思想，抵制西方意识形态在网络空间的渗透和各种网络不良信息对大学生的危害，主动创建文明健康的网络文化环境。也就是说，开展大学生网络行为教育引导要坚持主动传播先进的社会主义意识形态和网络文化，主动占领网络思想政治教育阵地，不给西方意识形态、落后腐朽的非主流社会思潮侵占的机会。

坚持主动传播原则，应做到以下几点：首先，要求高校主动建立思想政治教育类网站，通过专题网站体现高校教育工作者的教育意图，主动传播先进的理论知识，积极弘扬马克思主义主旋律，努力将专题网站建设成为宣讲马克思主义的新课堂[②]，成为联系大学生思想政治教育工作者与大学生的新纽带，成为广大学生交流思想的新空间，以及大学生思想政治教育工作者发挥作用和开展基层党组织建设的新舞台。其次，要求高校教育工作者主动参与大学生的网络交流，拉近与大学生在网络

① 杨芳.浅谈思想政治教育实效性的方法论基础——主体间性原则[J].贵州师范大学学报(社会科学版),2007(06):69.

② 胡钰.建设思想政治教育网站的几点思考[J].思想理论教育导刊,2003(06):53.

空间的距离，主动融入大学生的网络生活。大学生思想政治教育工作者可以通过开通个人微博、参与大学生论坛的话题讨论、支持并指导大学生组织网络活动等形式，用大学生喜爱的、贴近大学生生活实际的方式，主动打开并走进大学生的网络大门，开辟与大学生对话的网络空间。最后，要求高校教育工作者掌握网络话语权，在网络舆论阵地中敢于发声、及时发声、善于发声，最大限度地降低网络负面信息对大学生的影响。面对网络热点话题、社会热门事件或者大学生对学校的意见建议，高校思想政治教育工作者要在网络中及时“出面”给予回应，在为学生答疑解惑的同时提升学校的“软实力”，这也是做好网络时代意识形态工作的重要标志。

（四）榜样激励原则

激励原则是思想政治教育的基本原则之一，其主要形式包括正激励和负激励，榜样激励是正激励。榜样激励原则是指，在大学生网络行为教育引导的过程中运用榜样的力量，对健康网络行为及其行为后果施加正强化的信息反馈，也就是给予积极肯定的信息反馈，以引起大学生思想上的变化，使他们产生一种保持和增强这种行为的内在动力，调动其内在积极性和自觉性，从而实现建立行为准则的教育引导目标。人们的行为是在人的内在需要和能够满足内在需要的外界刺激的影响下产生的。需要是大学生在网络空间中实施行为的内驱力，是其网络行为的内在基础；而外界刺激通过肯定或者否定其需要存在的合理性对大学生的网络行为也会产生非常大的影响。在大学生网络行为教育引导的过程中，对大学生健康网络行为进行正强化的信息反馈，选择树立行为典范，是高校教育工作者必须坚持的重要原则。

坚持榜样激励原则，应注意以下几点：首先，要注意行为榜样的选择，肯定大学生中积极健康的网络行为。例如，大学生积极参与网络捐款和网络公益活动，通过网络发起志愿服务活动等网络行为，值得在大学生中宣传。传播网络社会正能量，用榜样领路，对大学生网民群体可以起到示范和激励的作用，从而达到以点带面的教育效果。其次，高校教育工作者的行为本身对于大学生来说就是一种教育，高校教育工作者应该用自己的网络行为为大学生树立榜样。叶圣陶认为教育工作者的全部工作就是为人师表①，他所强调的是教育工作者自身言行的重要性及其对学生的榜样示范作用。大学生的思想和行为就像一面镜子，从中可以反射出高校教育工作者的言行。在大学生网络行为教育引导过程中，高校教育工作者的网络言行只有与其对大学生网络行为的要求相符合，与现实行为相一致，才能使广大学生信服。正如《论语》中所说的那样："其身正，不令而行；其身不正，虽令不从。"大学生是否接受网络行为的教育引导，与高校教育工作者的网络素养高低、网络行为是否端正有很大关系。如果高校教育工作者自身有沉迷于网络游戏、在网络中谎话连篇等不良行为，就无法对大学生进行教育引导。因此，高校教育工作者健康的网络行为对大学生同样具有非常重要的榜样激励作用。

三、大学生网络行为教育引导的路径选择

随着大学生用网的不断深入以及网络在大学生学习和生活中地位的不断稳固，网络时代的优势不断凸显，但这并不意味着大学生可以无限制地使用网络。另外，网络在给大学生思想政治教育带来机遇的同时，也带来了诸多的挑战。因此，在此形势下，高校教育工作者必须积极适应网络时代对高校教育提出的新要求，主动占领网络思想政治教育新阵地，积极开展大学生网络行为的教育引导，帮助大学生养成健康的网络行为习惯，强化网络道德意识。

（一）引导大学生遵规意识的自我强化

高校已成为中国社会网络化发展的前沿阵地，网络已是大学生学习

① 可佳. 名人名言与经典赠言[M]. 天津：天津古籍出版社，2004：92.

和生活的重要组成部分。掌握先进科学文化知识、拥有较强网络运用能力的大学生活跃于网络空间，并逐渐发展为其中最活跃的网民群体，网络空间成了他们现实行为空间的延伸。如前文所述，网络在给大学生带来积极影响的同时，也给生理和心理尚不成熟的大学生造成了较大的消极影响，其中最突出的是网络行为失范。在大学生网络行为教育引导的过程中，如果说教育引导活动是外因，那么大学生进行自我修炼和自我强化则是内因。如果大学生没有自我强化遵规意识的高度自觉性，再好的外界教育引导活动都是徒劳。因此，不能采用传统的将受教育者放在被动接受位置进行思想政治教育的方法，而要充分认识到大学生网络行为自主性和选择性较强的特点，尊重大学生的主体性，引导其网络遵规意识自我强化的同时，再辅之以必要的外界影响。

1. 端正网络态度，反思自身的网络言行

网络为人们创造了一个不同于现实社会的数字化虚拟空间，活跃于其中的大学生表现出一些与现实社会中不同的特点，主要表现为观念的开放性、言论的自由性和行为的自主性。例如，一些在现实生活中沉默寡言的大学生，在网络空间中却口若悬河；一些在现实生活中循规蹈矩、表现优异的大学生，在网络空间中却藐视网络规则、肆意妄为；一些在现实生活中诚实守信的大学生，在网络空间中却谎话连篇；等等。其中很重要的一个原因是网络空间中的行为是主体身体不在场的情况下发生的，即身份的匿名性或者称为“匿名狂欢”。要改变大学生线上线下行为的不一致性，就要着力培养他们积极的网络态度。

网络态度由英文“internet attitude”或“attitude towards internet”翻译而来，学者们对其概念的界定因研究背景的不同也不尽相同，国外学者对网络态度的界定也有所不同。有人认为网络态度是个体对互联网表达出的喜欢或者不喜欢的情绪立场，有人认为网络态度是个体关于网络使用结果的正性或负性的评价，还有人认为网络态度应包括仪器态度和情感态度①。网络态度的定义可以概括为，网络使用者对网络所持的观点立场，使用网络过程中产生的情绪体验，以及个体的网络行为意图。人们对网络的使用情况、对网络的喜爱程度、网络行为的属性等在很大程度上受网络态度的影响，积极的网络态度对于大学生养成健康的网络行为习惯具有重要的现实意义。只有端正了网络态度，大学生才会主动反思自身的网络言行，并将网络言行与现实道德准则进行对照检查，摒弃负性的网络情绪体验，改变不符合道德准则的行为意图，进而对失范的网络行为进行修正。

2. 培养网络道德情感，提高遵规意识建构的能动性

道德情感是个体根据一定的社会道德规范评价自己和他人的行为时所产生的一种内心体验②。当行为主体的行为符合一定的社会道德标准时，就会产生正性的情感体验，反之则会产生负性的情感体验。也就是说，符合道德标准的行为即道德行为，会给人们带来愉悦、欣赏、敬佩等肯定性的情感体验。道德行为是主体将道德认识付诸实践，是人们道德认识的外在表现。道德情感在道德认识和道德行为之间起到纽带和桥梁的作用，是他们的中介变量。道德认识是道德情感的基点，道德情感又会反过来对道德认识具有指向、驱动和固化等作用③。行为主体的道德情感与道德认识结合起来，才能更加有效地推动、主导和调节道德行为。道德情感的缺乏通常会造成知行脱节、言行不一④，在缺乏现实“熟人”社会道德约束的网络虚拟社会中则更是如此。

网络中的精美画面让网络使用者赏心悦目，并从内心悦纳它，这一超越现实而存在的虚拟空间对大学生有着强大的吸引力，尤其是其中动感刺激的内容使得自制能力较弱、是非辨别能力尚不健全的大学生无法

① 楚艳民，周世杰．网络态度及其评估[J]．中国临床心理学杂志，2008，16(04)：348.

② 秦继伟．当代大学生网络自律意识教育研究[D]．长沙：湖南师范大学，2013：39.

③ 刘锋．浅谈道德认识和道德情感的双向联系[J]．道德与文明，1987(02)：28.

④ 卢家楣，袁军，王俊山，等．我国青少年道德情感现状调查研究[J]．教育研究，2010(12)：83.

抵制，表现最突出的是网络游戏。网络游戏中冷酷、血腥、暴力的游戏画面，会使得长期沉溺于其中的大学生变得冷漠麻木，与人交流的方式简单粗暴，甚至出现道德意识弱化、道德行为异化的现象，甚至不具备一定的网络道德情感。在这种情况下，他们不可能以极大的热情去接受并认知网络道德规范，更加不可能自觉地将道德规范转化为外在的网络道德行为，进而导致建构网络道德的自觉性不高，以及道德规范在网络空间中贯彻实施的难度不断增加。因此，要注重培养大学生的网络道德情感，通过网络道德情感的渗透，激发大学生的内在网络道德需要，使其成为大学生道德行为发生的内在动力。有研究指出，个体的道德需要决定了道德情感的内容、性质和强度①。在网络虚拟社会中，大学生的网络道德需要得到满足的程度越深，情绪体验越积极肯定，构建网络道德的能动性越高，就越容易推动网络道德行为的产生。

3. 强化网络道德自律，养成“慎独”的网络道德人格

网络社会是一个凭借信息技术构建起来的虚拟空间，发展至今，面对网络使用者发出的种种挑战，单凭网络技术的防御根本无能为力，如防火墙等内部防御体系在面对黑客的进攻时如同虚设。除技术上的种种漏洞外，网络使用者在网络空间中产生的道德问题也层出不穷，其严重破坏网络秩序的同时，对网络道德规范体系也造成巨大冲击。在网络虚拟社会中，人们的活动场域与现实物理空间有很大的不同，人们的思想观念、价值取向和行为动机也渐渐发生了改变，受现实物理空间中直观角色制约的道德环境对人们在网络空间的行为不再构成直接约束。大学生在网络空间的行为主要通过点击鼠标、敲击键盘等来实现，他们不仅可以匿名，还可以通过一定的技术手段抹去其言行在网络中留下的痕迹。因此，大学生在网络空间是否遵守道德规范只有他们自己最清楚，其他人不易对其进行约束和监督。

网络技术控制力量的薄弱和道德他律的相对不足，必将导致传统道

① 罗石，郭敬和．试析道德情感主导下的道德行为［J］．伦理学研究，2012（01）：15.

德规范对大学生的约束力随着其网络行为自由度的增加而不断减弱，进而使得他们的道德责任感逐渐淡化。真正的责任感源于个体的道德自律[①]。道德具有一定的非强制性，主体对其道德责任感形成发自内心的认同，即自律，这是道德内化的过程。“道德的基础是人类精神的自律”[②]，道德的最高境界是人类道德的自律。因此，面对传统道德在网络社会中约束力逐渐减弱和缺乏他律约束的情形，应该在大学生中积极倡导网络道德自律，强化道德内化，培养他们“慎独”的网络道德人格。也就是说，大学生要在复杂的网络社会中保持符合网络道德规范的言行，必须强化“慎独”的网络理念，从自身入手，自觉地认知并遵守网络道德规范，自我监督；自觉地以道德主体的身份思考问题，自己给自己立规矩，有效避免“匿名狂欢”、猎奇窥探、肆意宣泄等网络失范行为的出现。只有发自内心地审视网络道德要求、认同网络道德规范，大学生才会对自己的网络言行进行理性分析，控制和约束自己有可能发生的任何网络行为失范，并从行为上对网络道德要求作出积极响应，进而成为网络社会中自觉践行道德要求的行为主体。

（二）强化思想政治教育工作队伍的作用

中共中央、国务院《关于进一步加强和改进大学生思想政治教育的意见》明确规定，要通过加强网络思想政治教育队伍建设，形成网络思想政治教育工作体系，牢牢把握网络思想政治教育的主动权等途径，主动占领网络思想政治教育新阵地。大学生思想政治教育工作队伍是开展网络思想政治教育的主体，他们素质的高低，直接影响着这项工作的成效。因此，研究如何提升高校教育工作者的网络媒介素养和能力，强化大学生思想政治教育工作队伍的作用，对于提高大学生网络行为教育引导的针对性与实效性具有重要意义，也是高校加强和改进大学生思想政治教育的重要方面。

① 聂沉香.网络道德建设呼唤个体道德自律[J].学校党建与思想教育,2009(16):56.
② 马克思,恩格斯.马克思恩格斯全集:第一卷[M].北京:人民出版社,1995:119.

1. 加强对网络知识的学习，提升自身的网络媒介素养

网络已成为高校教育工作者和大学生之间沟通交流的重要平台，也成为大学生思想政治教育工作者尤其是大学生辅导员开展日常管理工作的重要途径。例如，通过班级微博、班级QQ群、班级微信群等发布通知通告、与学生进行沟通交流等。大学生是特殊的网民群体，一直以来都备受关注，他们掌握较多的网络知识、拥有较高的技术运用能力，他们使用网络的能力高于一般网民群体。高校思想政治教育工作者对网络技术的熟悉程度以及运用网络开展教育管理的能力，对于网络环境下有效开展大学生思想政治教育格外重要。

在现实中，一些高校思想政治教育工作者不愿意或不善于接受新鲜事物，生活中很少接触网络或者基本与网络“绝缘”，他们获取信息的途径仍限于传统媒体，开展思想政治教育的途径也较为传统，“主动占领网络思想政治教育的新阵地”无从谈起；还有一些高校思想政治教育工作者虽然掌握了一些网络知识、具备一定的技术运用能力，但不足以应对和参与大学生的网络活动，无法与大学生在网络中进行有效沟通与交流。因此，目前高校思想政治教育工作者的网络媒介素养普遍亟待进一步提升。

网络媒介素养是指网络使用者在了解一定网络知识的基础上，对网络媒介进行分析和评估，并通过它们来满足自身需要以及获取、创造信息的能力。高校思想政治教育工作者必须与时俱进，系统全面地加强对网络基础知识、网络操作知识、网络安全知识、网络管理知识等的学习，改善原有的知识结构，掌握网络传播的基本原理，提高网络操作技能和网上自我控制能力，成为网络的主动使用者。此外，高校思想政治教育工作者还要提高自身对网络媒介信息的分析能力和辨别能力。因为网络上海量的信息中不乏糟粕和不良信息，如果大学生接受了过多的超出其处理能力的信息，则会导致其价值取向紊乱。因此，高校思想政治教育工作者要具备敏锐的分析能力和辨别能力，帮助大学生对网络海量信息进行鉴别筛选、无伪存真；高校思想政治教育工作者还要具备一定的网络信息创造和传播能力，科学驾驭网络信息，让网络有用信息为己所用，在网络中对大学生主动开展教育引导，传播正能量，只有这样才能掌握网络使用的主动权，才能占领网络思想政治教育新阵地。

教育者先受教育。高校思想政治教育工作者必须加强对网络知识的学习，熟练掌握网络技术，不断提升自身的网络媒介素养，才能正确运用网络处理大学生网络问题，以及有效鉴别、筛选、使用网络信息，使自己成长为具备网络时代教育理念和综合管理能力的大学生思想政治教育工作者。

2. 关注大学生的网络动态，做好网络舆论危机干预工作

网络舆论就是网民对现实社会和网络社会中的各种现象、问题所表达的“信念、态度、意见和情绪表现的总和”[①]。网络舆论会对事件的发展产生重大影响，甚至改变事件的发展轨迹。

随着网络的普及，高校的信息环境变得更加开放，很多信息不管良莠都会通过网络通道进入大学生的视野，尤其是群体性的、冲突性的、突发性的社会事件等在网络中传播极快，这些网络不安定因素对大学生的影响非常显著。社会突发事件一旦发生就会迅速在网络中传开，并引发包括大学生在内的网民对事件的激烈讨论和持续关注。他们会纷纷对事件的发展发表意见、表明态度、表达情绪，形成强劲的网络舆论。以2015年8月12日天津港特别重大火灾爆炸事故为例，截至2015年8月14日下午，仅新浪微博话题“天津塘沽大爆炸”的点击量就达16.2亿次[②]。爆炸事故引起了广泛热议，大学生持续关注国内媒体关于该事故的最新消息，并通过留言、跟帖、发帖等形式表达对死者的沉痛哀悼，对事故责任人的痛斥，以及给政府尽快调查事故原因、追究事故责任施加压力。这对大学生的思想以及价值取向都会产生显著影响。2021年，“货拉拉女乘客坠车死亡”事件引起社会的广泛关注，2021年3月4日央视

① 赵丹. 网络舆论危机与“五重效应”化解[J]. 江南社会学院学报，2010，12(04)：19.

② 肖峰，郭傲寒. 政府舆情危机应对的短板及解决路径——以天津港爆炸事故后政府新闻发布会为例[J]. 武陵学刊，2015，40(06)：119.

新闻官方微博针对网上出现的一些似是而非的声音，如“干吗非要自己搬运，让司机多挣点不行吗”等，专门发布评论，纠正网络不正确言论，不到一天的时间，阅读总量达2.7亿次，讨论达2.1万次。

在自媒体时代，网络社会中有来自四面八方的不同声音，每个人都可以是独立的“发声体”，追求自由和自主的大学生在网络空间中拥有了更大的话语权和自主权，“主流媒体”的意识在他们的思想观念中逐渐弱化。随着互联网的迅猛发展和新媒体的广泛运用，大学生在网络虚拟空间中的活跃度越来越高，网络的包装使得他们不用理会个人现实身份的约束，他们可以自由地发表观点和意见。一些大学生因发言频率高、表达的观点新颖、见解独到而逐渐成为其活动场域的佼佼者，甚至成为一系列网络热门事件的重要推手。但是思想和心智尚不成熟的大学生非常容易被网络不良舆论左右，甚至被居心叵测的不法分子利用，成为他们打赢网络战争的武器。因此，高校思想政治教育工作者要密切关注社会重大事件的发展动态，了解事件的发展脉络，并对网络信息进行客观分析和筛选，同时要更加密切关注大学生的网络动态，加强与大学生的网络交流，利用自己掌握并加工整理的网络信息，及时地满足大学生想要了解事件真相的愿望。高校思想政治教育工作者发布的信息公信度较高，对大学生能够起到教育引导的作用，可以避免大学生因了解不全面、辨别能力有限而歪曲事实的真相，避免他们把网络当作自由使用的“批评的武器”，从而达到教育引导的效果。

3. 分析网络传播特点和大学生用网规律，理论联系实际地开展专题研究工作

中共中央、国务院《关于进一步加强和改进大学生思想政治教育的意见》明确规定，大学生思想政治教育工作队伍主体是学校党政干部和共青团干部，思想政治理论课和哲学社会科学课教师，辅导员和班主任。他们（尤其是大学生辅导员）处于大学生思想政治教育工作第一线，与大学生有着密切接触，对大学生工作也有着深入的了解。

网络已经成为大学生思想政治教育的重要传播载体，人们对利用网络开展大学生思想政治教育的呼声也越来越高。但是网络作为思想政治教育新阵地的体系建构还不够系统和完整，况且利用网络开展思想政治教育也是一门新艺术。面对大学生使用网络的不断深入和大学生网络行为失范的发生，高校思想政治教育工作者必须认真研究与探寻网络时代开展思想政治教育的新途径和新方法，增强开展大学生网络思想政治教育的紧迫感。

高校思想政治教育工作者，尤其是大学生辅导员不能“只埋头干事，不抬头看路”，单凭经验对大学生开展教育引导。网络时代的大学生眼界开阔、思维活跃，他们有时宁愿相信通过网络寻找到的答案，也不愿意单纯地信任高校教育工作者的经验之谈，他们甚至会通过网络去验证高校教育工作者给予的解答。思想政治理论课和哲学社会科学课教师也不能理论与实际相脱离地授课，脱离实际的课堂不仅不生动，也不易让人信服。

“工欲善其事，必先利其器”。高校思想政治教育工作者需要真实而全面地掌握大学生用网情况的第一手资料，并对其进行深入分析，结合新时期网络传播的特点和大学生用网规律，认真审视大学生的需求及其变化，理论联系实际地开展相关专题理论研究，探索思想政治教育进网络的新方法和新规律，大胆地改革创新思想政治教育模式，并在实际工作中不断进行尝试，改变传统思想政治教育理念、方法和模式中与网络时代发展不符合之处。高校思想政治教育工作者对大学生网络行为的教育引导及其相关专题研究任重而道远，应努力抓住自己处于大学生教育工作一线的有利位置，理论联系实际地开展专题研究，为大学生网络思想政治教育的发展作出自己应有的贡献。

（三）创新思想政治教育的方式方法

1. 开展丰富多彩的校园文化活动，增强现实线下生活的吸引力

教育部、共青团中央《关于加强和改进高等学校校园文化建设的意见》明确指出，加强校园文化建设对于推进高等教育改革发展、加强和改进大学生思想政治教育、全面提高大学生综合素质，具有十分重要的意义。校园文化活动作为大学生校园文化建设的主要任务之一，承担着把德育与智育、体育、美育有机结合起来，以及促进大学生思想道德素质、科学文化素质和健康素质协调发展的重担。开展校园文化活动不仅有利于推进校园文化建设，还因其所蕴含的文化内容和教育因素而成为高校开展大学生思想政治教育的重要途径和主要载体。当下，由于高校的学习压力较中学阶段小、学习形式多样化、学习自由度高等，大学生自主控制的课余时间相对宽裕，除了学习，很多大学生会选择在宿舍上网或去网吧上网来打发课余时间。在新的历史时期，特别是网络时代，高校可以通过校园文化活动呼吁大学生走下网络、走出宿舍，走进科学、走向健康。校园文化活动在网络时代对于丰富大学生的课余生活、将大学生从网上吸引到网下的重要性愈加凸显。

校园文化活动充实和发展了大学生思想政治教育的内容，它是高校开展隐性思想政治教育的重要载体，其育人功能得到了高校及思想政治教育工作者的普遍认同和积极响应。各高校结合本校特点和大学生工作实际，通过各种形式吸引广大大学生参与到校园文化活动之中，使大学生在文化活动的感染下，锻炼交际能力、提高综合素质、提升道德素养。以某师范大学为例，该校举办的“五四爱心学校”“江淮环保学校”“阳光体育”等品牌校园文化活动，吸引了众多大学生参与其中，大学生积极投身于各类志愿服务，在实践中传播正能量，在实践中受教育、长才干、作贡献；积极举办师范生技能大赛、化学实验技能大赛、专利发明大赛等体现专业特色的活动，对于大学生学好、学精专业知识具有督促和检验作用；开展校园歌手大赛、青春舞蹈大赛、舌尖上的家乡等文体活动，在丰富大学生课余生活的同时，也扩大了他们的线下交际圈，锻炼了他们的综合能力。

网络社会的广袤开阔、网络活动的灵活多变，给新时期高校校园文化活动的开展带来了新的挑战，提出了更高的要求。高校应避免校园文化活动千篇一律、枯燥乏味，应努力打造具有校园特色、体现时代要求、展示大学生风采的校园文化活动，寓教育于文化活动之中，在丰富大学生现实线下生活的同时，充实和拓展网络时代大学生思想政治教育的内容、方法和空间。

2. 将网络元素融入思想政治理论课教学，拓展大学生思想政治教育的空间

2019年3月，习近平总书记在学校思想政治理论课教师座谈会上强调，思想政治理论课是落实立德树人根本任务的关键课程，办好思想政治理论课关键在教师，推动思想政治理论课改革创新，要不断增强思想政治理论课的思想性、理论性和亲和力、针对性。思想政治理论课在过去通称为“两课”，2004年中共中央、国务院下发的《关于进一步加强和改进大学生思想政治教育的意见》将“两课”的称谓改为“思想政治理论课”，2005年由中宣部、教育部下发的《关于进一步加强和改进高等学校思想政治理论课的意见》进一步明确了高校思想政治理论课的课程设置，主要由“马克思主义基本原理”“毛泽东思想、邓小平理论和‘三个代表’重要思想概论”“中国近现代史纲要”“思想道德修养与法律基础”“形势与政策”等课程组成。现在，很多高校专门开设了习近平新时代中国特色社会主义思想系列课程，并将其列为通识必修课程。新中国成立以来，思想政治理论课的课程名称及其设置大致经历了“六个方案”[①]的历史演变，不仅体现了党和国家对这一课程的高度重视，也凸显了思想政治理论课在高等学校教育工作中的地位与价值。它是高校对大学生进行系统的马克思主义理论教育的主要途径，也是大学生思想政治教育的主渠道。

随着信息技术的迅速发展和育人环境的巨大变化，大学生思想政治教育工作面临许多新情况、新任务，高校思想政治理论课教学也遇到了一些困难和挑战，如教学方法滞后、教学内容与大学生思想实际脱节、理论教学的针对性和实效性不强等，这些问题制约了思想政治理论课作

① 胡椿，赵秉怡.高校思想政治理论课程设置的历史与经验[J].高校理论战线，2009(12):31-35.

为大学生思想政治教育主渠道作用的发挥。尤其是在网络时代的今天，西方敌对势力通过网络肆意传播他们的意识形态、价值观念、行为准则和生活态度，在意识形态领域争夺大学生。此外，网络上的各种垃圾信息，严重危害大学生的身心健康。这意味着将网络资源融入思想政治理论课教学是时代发展的必然要求，也无形中加剧了将网络资源融入思想政治理论课教学的紧迫性。

首先，高校应该积极开发利用网络资源，打造网上教学平台，上传教学名师授课的视频资料，开通专家与大学生在线交流答疑的通道，打破现实课堂教学的时空局限，同时可以实现各校优质资源共享。2020年疫情期间，全国高校“线上开学”，高校教师克服困难开展线上授课有效保证了教学工作的顺利进行。其次，思想政治理论课教师应恰当地将网络中反映当下社会热点的文字、音频、视频等资料，融入课堂教学，引发大学生的思考和讨论，创设灵活生动的教学情境，改变传统以“说教”为主的思想政治教育模式，激发大学生的学习兴趣和参与热情，增强课堂教学效果。最后，思想政治理论课可以利用网络对大学生进行开放式考核，创新考核模式。例如，鼓励大学生通过网络平台开展社会调查并撰写调查报告，举办在线研讨活动并要求大学生跟帖发言等。

网络可以帮助大学生掌握最新、最全的新闻资讯，可以开阔他们的视野，但网络的不良影响是客观存在的，我们无法完全规避。因此，我们应该辩证地看待网络给大学生带来的影响，使其为我们所用，将网络元素融入思想政治理论课教学不仅符合大学生的生活和学习习惯，还有利于增强思想政治理论课课堂教学的灵活性、趣味性、生动性和直观性，有利于教学质量和教学效果的提高，有利于其作为大学生思想政治教育主渠道作用的发挥。

3. 加强高校红色网站建设，增强网上育人的实效性

红色网站是高校传播党的先进理论成果，弘扬社会主义核心价值观的重要阵地，它既是一种被高校广泛使用的舆论宣传工具，也是大学生获取红色文化的知识资源。近年来，以传播和弘扬红色文化为主要内容、以思想政治教育为主题的红色网站，在高校理论宣传教育工作中的地位逐渐确立，在大学生思想政治教育工作中的载体作用也越来越凸显。但是，我们不得不承认高校红色网站存在功能发挥不足、内容枯燥、吸引力差、点击率低的问题。有研究者认为，红色网站“红”的程度与其吸引力呈负相关性①。如何进一步处理好红色网站“红”与“热”的问题，增强红色网站的活力与吸引力以及提高红色网站思想政治教育的实效性，是当前高校加强红色网站建设必须认真思考的问题。

1998年底，清华大学汽车系汽71班学生党课小组成员为了便于在网上开展理论学习，制作了班级主页——“学生红色网站”，并迅速成为全校大学生思想政治教育基地。此后，全国其他高校的红色网站也相继出现，例如北京大学的“红旗在线”、南开大学的“觉悟网”、中北大学的“红色太行网”等，均在大学生中产生了较大影响。清华大学的“学生红色网站”自创办至今经历了六次改版，访问量稳步提升，在大学生中的影响力也逐步增强，多次被评为“全国高校十佳思政类网站”。它的成功不仅在于起步早，而且在于它根植于广大学生，尤其是大学生党员和入党积极分子，其管理团队由来自各个院系的大学生组成，是特殊性质的大学生社团。“学生红色网站”的内容更新快、贴近大学生实际，网站会根据不同时期的热点问题推出不同专题，并给大学生提供宽松的交流研讨空间。很多大学生用“有意思”“很有趣”来形容清华大学的“学生红色网站”。该网站能做到融知识与趣味、学习与参与为一体，显著提高了大学生的参与度，增强了思想政治教育的实效性。

全国高校红色网站对大学生的思想引领、知识获取和交流分享等产生了一定的影响，但数量与规模还不够。关于“所在学校是否有大学生思想政治教育类专题网站”的调查显示，仅49.9%的大学生明确表示“有”，15.4%的大学生表示“没有”，34.7%的大学生表示“不清楚”。曾有学者在100名大学生中就红色网站的内容进行了调查，有98%的大学

① 曾维伦，何海涛.提高高校红色网站实效性的策略分析[J].思想政治教育研究，2011，27(03)：120.

生认为红色网站口号性过重、网站内容严肃[①]。因网站的自身定位和价值导向，红色网站的取材在某种程度上确实受到限制，没有社会性网站的内容丰富新颖，但这并不代表红色网站的“红”与“热”不可兼得。很多高校红色专题网站起步晚，有些甚至还未建立，高校红色网站建设还有很大空间。

首先，高校应该聘用专业技术人员担任红色网站管理员，对网站进行设计、管理和维护，网站管理员的作用不应只停留在添加或转发国内外新闻等简单操作上。其次，关于红色网站的设计，可以通过校园网、微信等渠道调查了解大学生的需求，对网站栏目的设置、内容的选取等进行定位。最后，红色网站的内容要与时俱进，体现时代潮流、社会热点、时事政治，并在网络工具的运用、新产品的开发等方面进行尝试。

利用网络开展思想政治教育，把握网上育人主动权，是新时期加强和改进大学生思想政治教育工作的客观需求和重要举措，高校应进一步加强校园红色网站建设，提高其信息传播和网上育人的实效性，切实发挥其红色教育基地的育人功能与引导作用。

（四）改善大学生的网络生态环境

前文详细阐述了强化大学生的网络道德自律对于培育大学生“慎独”的网络道德人格具有非常重要的意义。从历史的发展来看，道德的内在自律主要是由外在制约和他律转化而来的，在虚拟的网络社会中尤其如此。一些在现实社会中具有高度文明自觉和道德自律的人，在网络社会中的行为却容易被扭曲，在网络社会中人性的弱点容易暴露，此时，必须借助外在制约，即通过规范管理和规章制度来保障网络行为的正确性。因此，除了教育引导以提高大学生网络行为的自觉性和强化网络道德的自律外，通过加强校园网管理来控制与监督大学生的网络行为，对于解决大学生网络行为失范也至关重要。

① 曾维伦，李岩. 新媒体环境下高校红色网站传播的实效性研究[J]. 前沿，2011(13)：194.

1. 加强校园网建设，净化校园网络生态环境

党的十九大报告明确指出，要加强互联网内容建设，建立网络综合治理体系，营造清朗的网络空间，并将网络安全与恐怖主义、重大传染性疾病、气候变化等列为非传统安全威胁。网络安全已上升到国家安全战略高度。网络是舆论监督的新阵地，也是社会舆论的放大器和扩音器，一些舆论一经网络传播就容易引发种种讨论与猜测，也很容易被人利用，混淆视听，颠倒黑白，严重者甚至扰乱社会公共秩序，引起社会动荡。网络虚假信息、黄色信息、暴力信息等网络不良环境对大学生的健康成长有着严重影响。因此，对于大学生来说，网络是信息宝库，同时也是一个巨大的信息垃圾场。

在接受调查的1708名大学生中，有73.7%选择在“寝室”上网，还有7.3%的大学生的上网地点是“校园机房”，即共有81.0%的大学生使用校园网上网。由于大学生对校园网的高度依赖性，加强对校园网的监督和管理，从技术上对接入校园网的网站进行审核和筛查，限制某些不良网站的接入，对于净化校园网络生态环境，从源头上防止大学生网络行为失范的发生，有着得天独厚的优势。校园网建设是高校校园文化建设的重要组成部分，但就目前来看，高校对校园网建设的重视程度不如教学、科研，对校园网建设的投入远没有对教学和科研的投入多。有些高校的网络设备严重落伍，校园网络系统不稳定、运行速度慢，导致一些大学生被迫改用其他服务器提供的网络，无形中加大了高校对大学生用网监控的难度。另外，高校的信息管理部门作为高校校园网的管理者和维护者，其工作职责不应局限于防止校园网被病毒或黑客攻击，保证广大师生网络正常运行等偏重于校园网物理层面维护的工作。再者，高校信息管理人员的专业技术水平有待进一步提高，有些高校的信息管理人员现有技术水平不足以应对校园网络中出现的突发情况，甚至对校园网中传播的某些不良信息都无法进行拦截和追踪。因此，高校要加大对校园网络建设的投入力度，保障校园网的硬件设备与软件的先进性，进一步完善基础设施，还要保证网络日常运行、管理和维护的经费。

自媒体时代，手机网络的出现让大学生的信息传递更加便捷，但同时也给手机上网环境的监管带来重重困难。高校要加快校园无线网络全覆盖的步伐，在给大学生提供安全网络的同时，也有利于及时掌握他们的用网情况；要注重网络管理部门技术人员的配备，保障校园网正常运行和规范管理；要完善学校红色网站的建设，选择兼容性和扩展性均较好的系统，保证网站有良好的运行硬件基础。另外，高校还要加强对新技术的开发和应用，加大对网络资源、过滤技术、防火墙技术、网络应用技术等开发的力度；完善校园网络监控系统，抵御网络病毒和黑客的攻击，加强对重要校内信息的保护力度；审查通过校园网络发布的信息，关闭不良网络信息的接入通道，优化大学生网络行为的控制和监督系统，增强校园网络环境的可控性。良好的校园网络文化环境对大学生的身心健康以及规范他们的网络行为具有重要作用。

2. 建立健全规章制度，进一步规范校园网的使用和管理

管理必须制度化，制度化是校园网管理有效运行的保障。如果说加强校园网自身建设是完善校园网管理机制的物质前提，那么作为校园管理文化重要组成部分的网络管理规章制度体现的则是校园网络文化的精神内涵，并直接影响整个校园网络文化的建设。建立健全的网络管理规章制度能够进一步规范校园网的使用和管理，保障校园网的平稳运行，通过外在制约帮助大学生养成规范用网的习惯和健康的网络行为习惯。建立健全高校校园网管理规章制度，是高校校园网安全管理的核心内容，也是完善大学生网络行为控制和监督体系的重要举措。高校网络管理规章制度的不健全，会给一些网络不良信息以滋生和传播的空间，也会使得大学生网络纪律意识淡薄，在网络空间过于散漫和随心所欲，最终导致网络行为失范。好的管理机制有调节、控制和监管大学生网络行为的功能，同时界定了大学生网络行为不可逾越的尺度，一旦逾越就会变成失范行为，也会受到相应的处罚。

自1994年第一部有关网络信息安全的行政法规《计算机信息系统安全保护条例》颁布以来，随着网络技术的迅速发展，我国出台了一系列与网络信息及其安全有关的法律法规和规章制度，主要包括《中华人民共和国网络安全法》《计算机信息网络国际联网管理暂行规定》《计算机病毒防治管理办法》《中华人民共和国电信条例》《计算机软件保护条例》《互联网安全保护技术措施规定》《信息网络传播权保护条例》《信息安全等级保护管理办法》《网络信息内容生态治理规定》等。以上现有的法律法规还不能完全满足依法推进网络规范运行的需要，以行政法规居多，而且在内容上多有交叉，其权威性和制约性有待加强。

高校会在国家政策法规的基础上制定自己的管理制度。但是，近年来随着网络传播方式的快速发展和变化，以微博、微信、论坛等为代表的自媒体和以朋友圈、QQ群等为代表的“自组织型”团队在大学生中相继出现，且影响力不断扩大，高校的管理制度明显落后于网络技术的发展和其传播方式的变化。虽然目前还没有国家层面制定的法律作为网络行为的行为准则与规范，但高校的现实情况较整个社会要单纯，面向的群体主要是在校大学生，大学生的整体素质和纪律意识相对较高，高校的规章制度不在于其全方位性和全局性，而在于其可操作性和约束力。而且，高校可以以《中华人民共和国高等教育法》为依据，以大学章程为基础，结合本校实际，将学校相关行政管理职能与校园网规章制度的制定权结合起来，由信息管理、学生工作、思想宣传、保卫等部门展开调研，分别出台各自领域的校园网管理规章制度。具体地说，高校应该依据实际，制定有关校园网安全管理范围、校园网使用时间管理规定、校园网管理人员基本职责、校园网应急管理规定、大学生网上行为公约，以及有关校园论坛使用、发帖和行为规则的管理办法等规章制度，在实践中不断完善高校校园网管理机制，提高学校科学化管理水平，优化大学生的校园网络生态环境，发挥校园网在大学生思想政治教育工作中的阵地作用。

值得注意的是，伴随着时代的发展和大学生思想的不断变化，高校应与时俱进地对已经出台的规章制度进行修订，在推陈出新的同时要注意处理好严格管理与大学生追求网上自由之间的矛盾，规章制度对大学生较高的自律性要求和大学生现阶段自律水平较低之间的矛盾。高校校园网管理机制的建立和完善是一个系统的工程，也是一项需要高校及高校相关职能部门长期坚持的任务。

（五）运用大学生网络行为评价体系

网络行为失范是大学生道德领域的新问题，也是一个涉及面广、危害显著、影响深远的社会性问题。构建大学生网络行为评价体系，通过对大学生网络行为进行评价，帮助大学生了解自己在网络社会中行为的真实状况，从而建立自我反省机制来反思自己网络行为存在的不足，有利于进一步发挥大学生在网络社会中的主观能动性，增强道德自觉性。同时，构建大学生网络行为评价体系是大学生思想政治教育研究的新探索，为高校开展大学生思想政治教育工作提供了现实依据，有利于提高教育工作的针对性和实效性。

1. 构建大学生网络行为评价体系的原则

大学生网络行为评价体系的构建原则是构建评价体系的总方向和总要求，是对评价大学生网络行为所要达到的理想效果的描述。大学生网络行为评价与现实行为评价有很大不同，但又要与现实道德评价标准相互结合，是一个较为复杂的指标体系，在构建过程中建议遵循以下原则。

第一，可操作性原则。大学生网络行为评价体系是对大学生在网络中的综合表现的归纳和总结，是对大学生网络行为进行评价的基础和依据，也是教育引导大学生网络道德行为习惯养成的重要手段。因此，大学生网络行为评价指标不能臆造，要有凭有据，确保指标内容贴近大学生实际；指标权重不能设置得过高或过低，要确保指标体系的合理性；指标体系不能过于繁杂，要确保在评价过程中的可操作性。

第二，导向性原则。构建大学生网络行为评价体系不以对大学生网络行为进行批判性评价、贬低或打击大学生在网络社会中的种种表现为导向，而是要为大学生在网络社会中树立行为的标杆、确立行为的总方向，帮助他们把握网络主流意识形态的导向作用，弘扬正能量。因此，在构建大学生网络行为评价体系时，要以引导大学生网络道德行为习惯的养成为目标，坚持导向性原则，引导大学生对自身网络行为进行反省，而不是一味地对大学生的网络行为进行批判。

第三，发展性原则。随着网络社会的不断发展，大学生网络行为评价也应该是一个动态的过程，它不仅与时代背景有关联，还与学校网络环境、大学生的信息技术水平以及高校的教育引导手段等密切相关，评价应该是发展的，即能适应发展需求的。因此，在构建大学生网络行为评价体系时，应坚持发展性原则，要考虑到随着时代发展、环境变化或者遇到新问题、新情况时，评价体系也能够做出相应调整。

第四，层次性原则。层次性指的不仅是评价指标内容和权重的层次性，还包括评价者的层次性。首先，在指标内容上，应该将众多能够影响大学生网络行为的变量，依据其重要性和贡献率的大小进行排序，筛选数量较少的，但能够代表测量对象本质的主要变量，在确定指标体系时不能顾此失彼，也不能零零散散不成体系，要充分考虑指标体系的层次性要求，实现整体功能的最优化。其次，构建指标体系还要考虑评价值的层次性。为充分了解大学生网络行为，评价的对象不应局限于大学生，还可以拓展到高校教育工作者和大学生家长。

第五，一致性原则。首先，构建大学生网络行为评价体系要以实现引导大学生网络道德行为习惯的养成为准则，体系指标的设定与体系构建的目的要保持一致。其次，大学生网络行为评价指标的设计不能脱离实际，要与大学生网络行为的实际保持一致，相互间不能有矛盾冲突。最后，大学生网络行为评价的标准要与现实社会的道德标准相一致，要以现实社会的道德要求为依据。

2. 大学生网络行为评价体系指标的选择

首先，应该了解大学生网络文明素养的现状。网络文明素养是行为主体行为的标尺和方向，网络行为是其外显表现，受其支配，因此网络文明素养评价是大学生网络行为评价的重要内容。其次，按照网络行为的发展变化历程，对网络行为发生前的准备、发生的过程以及行为的结果依照顺序进行评价，将网络行为准备、网络行为过程和网络行为结果等内容作为评价的一级指标。网络行为准备主要考察行为主体对网络的了解程度、接触程度及需要程度；网络行为过程主要考察行为主体的行为动机、具体的行为习惯和行为管理等；网络行为结果主要考察行为主体在行为之后的感知和下一步行为打算。

第一，网络文明素养。大学生网络行为健康与否，是其网络文明素养高低的具体外显。网络文明素养是大学生思想道德素养的一部分[①]，是大学生在网络虚拟社会中为人处世的基本品质，是网络思想政治素质、网络道德素质、网络文化素质以及网络心理素质等的综合体现，是行为主体的行为标尺和方向。因此，对大学生网络行为进行评价，先要了解大学生网络文明素养的现状。对网络文明素养的评价，可以从大学生在网络社会中的政治立场、网络道德意识和网络法律观念等维度展开，是对大学生网络行为的价值判断。首先，对大学生网络政治立场的评价。这方面的评价主要看大学生在网络社会是否拥护中国共产党的领导，维护国家声誉；能否认清国情，明辨是非，不歪曲事实，不发表对国家和人民有害的言论，正确处理个人与集体的关系；能否充分发挥网络优势，加强网络政治学习。其次，对大学生网络道德意识的评价。主要以网络行为主体的爱心和责任心等为出发点，考察行为主体在维护网络秩序、尊重他人、自觉践行网络道德等方面的表现。最后，对大学生网络法律观念的评价。主要考察行为主体在抵制网络违法犯罪、学习法律知识、参与网络相关活动等方面的表现。

第二，网络行为准备。网络行为准备主要考察行为主体对网络的了解程度、接触程度以及对网络的需求情况，以行为主体的网络介入程度、网络技术水平、网络行为态度和网络行为动机等内容作为二级指标，对网络行为发生之前的准备情况进行评价。网络介入程度主要考量

① 王昊.新形势下大学生的网络文明素养提升研究[J].思想理论教育导刊，2018(01)：139.

行为主体的用网情况，主要包括用网时间、用网内容及用网目的等；网络技术水平主要测量行为主体运用网络的熟练程度，对计算机或网络的维护水平以及常见故障的解决能力，对网络平台的运用能力等；网络行为态度主要从网络行为主体对过度沉溺于网络对身心健康的危害、网络失范行为对社会和个人的危害以及网络社会中尊重他人重要性的认识等角度进行测量，行为态度对行为的影响是社会心理学领域研究的核心课题。行为是满足人们某种需要的动机的结果，是由动机引起的。行为动机是行为的原因，也是对行为需要的反映。网络行为动机反映的是大学生对网络的需求，主要体现在工作、学习、生活和娱乐等方面，可以考察网络对工作效率、学习效果、生活和身心等方面的影响。

第三，网络行为过程。网络行为过程主要考察行为主体具体的网络行为习惯和行为控制等因素，这是评价指标体系的核心。对1708名大学生的调查结果显示，大学生上网的目的主要是“聊天”。针对“上网主要做什么”，选择“聊天”“收看/听或下载电影和音乐”“查找学习资料”“浏览新闻”“购物”“玩游戏”“更新个人微博或主页”“登录论坛”以及“其他”的大学生比例分别为26.2%、18.5%、15.1%、14.9%、9.6%、8.7%、4.9%、1.6%、0.5%。基于以上调查结果，将大学生常见的网络行为分为网络沟通交往行为、网络游戏行为、网络信息浏览行为、网络购物行为等，在评价体系中通过对常见网络行为的观察，了解大学生的网络行为过程，测量内容与大学生日常在网络中的真实行为内容直接相关。例如，对网络沟通交往行为过程的评价，其观测点主要有：登录QQ、微信、论坛等交流平台的频率，网络交流、共享资源、分享情感的情况，网络交友及与网友情感状况等。另外，手机上网是现阶段大学生使用最多的上网方式，甚至出现过度使用手机网络的现象。对大学生手机上网过程的评价主要考察其使用手机网络的时长、频率及习惯等，不重复考察具体网络行为。对网络行为自我管理的评价，本质上是对行为主体自觉践行道德准则的评价，分别从行为主体的行为、与他人的交互行为两个方面展开，主要从行为主体能否控制好用网时间，能否管理好自己的网络言行，是否在网络中发生矛盾和冲突，能否正确对待他人的网络不良行为等维度进行测量。

第四，网络行为结果。网络行为结果主要考察行为主体在行为之后的感知，以及下一步的行为打算。行为结果是行为的要素之一，对大学生网络行为结果的评价是对大学生网络行为发生之后的情绪体验以及下一步行为打算的测量，二级指标包括网络行为结果感知和网络行为意向。网络行为结果感知是指行为发生后，行为主体的情绪体验和感受，主要从网络对生活、学习、身心影响程度以及过度上网、网络失范行为等所带来的情绪体验的角度进行测量和评价。网络行为意向是指行为主体在网络行为发生后的进一步打算，决定着网络行为的发展方向，从过度上网的意向、参与网络失范活动的意向、阻止他人网络失范行为的意向以及成为网络道德主体的意向等角度来进行测量。

3.大学生网络行为评价体系指标权重的确定

在评价指标体系中，各级指标有主次之分和贡献度的区别。指标权重是指各指标在实现整体评价目标中的贡献程度，是衡量某一指标在评价体系中作用和地位的数值。如果某一指标的权重越大，那么其评价值的大小对评价结果的影响就越显著。科学合理地设置指标权重，是客观分析和评价大学生网络行为状况的重要保证。权重的设置方法有很多种，笔者在文献调研和实证调查的基础上，主要采用专家调查权重法，依据特尔斐法的基本原理，邀请了思想政治教育、心理学、社会学和统计学等领域的专家以及大学生辅导员共10人，征询专家对于评价指标的意见，请他们对指标体系的层次性和各指标的重要性进行评定，并给出各项目的评价分值，然后对所有专家的评分进行整理和统计分析，确定各因素和指标的权重。经计算，得出如表5-1所示的一级指标和二级指标的内容和权重，权重使用的是整数分值。在实际评价中，让被调查对象根据自己的网络行为现状，使用四点量表对自己的行为进行评价。

表5-1 大学生网络行为的评价指标及权重

一级指标 A_i(i=1,2,3…)	二级指标 A_{ij}(j=1,2,3…)
A_1 网络文明素养 (15分)	A_{11}网络政治立场(5分) A_{12}网络道德意识(5分) A_{13}网络法律观念(5分)
A_2 网络行为准备 (22分)	A_{21}网络技术水平(4分) A_{22}网络介入程度(5分) A_{23}网络行为态度(6分) A_{24}网络行为动机(7分)
A_3 网络行为过程 (38分)	A_{31}网络沟通交往行为(6分) A_{32}网络游戏行为(6分) A_{33}网络信息浏览行为(6分) A_{34}网络购物行为(6分) A_{35}手机上网行为(6分) A_{36}网络行为管理(8分)
A_4 网络行为结果 (25分)	A_{41}网络行为结果感知(12分) A_{42}网络行为意向(13分)

A是大学生网络行为综合评价总分，表5-1中的评价目标集为A={A_1，A_2，A_3，A_4}，其中A_i为一级指标，A_i由j个二级指标组成，表示为A_i={A_{i1}，A_{i2}，A_{i3}，…，A_{ij}}。

4. 评价体系初测分析

本书构建了一个包含4个一级指标、15个二级指标共51道题项的评价指标体系。为检验评价指标体系，笔者在安徽、辽宁、河北、上海、江苏和湖南等六省市的六所高校进行了初测，共发放问卷300份，回收问卷298份。在问卷回收后，剔除漏答题项较多或有明显趋势作答的问卷，最终剩余252份有效问卷用于初测结果分析，问卷的有效回收率为84%。在有效问卷受访者中，男生107人，女生145人；受访者主要来自理工类专业，占总数的76.2%，少部分为艺体类和医学类；来自大学二、三年级的学生占总人数的90%；独生子女占26.6%；来自乡镇的学生为167人，占总数的66.3%，来自县城的学生为49人，占总数的19.4%，来自城市的学生为36人，占总数的14.3%。

笔者采用统计软件SPSS 22.0对量表的内部一致性信度进行了分析。信度是指测验结果的一致性、稳定性及可靠性，一般多以内部一致性来表示该测验信度的高低。信度系数愈高即表示该测验的结果愈一致、稳定与可靠，用Crobach's α系数来检验量表的内部一致性信度。α不超过0.6，一般认为内部一致性信度不足；α达到0.7~0.8时表示量表具有相当的信度，α达到0.8~0.9时说明量表信度非常好。

分析发现，大学生网络行为评价量表51道题项整体的Cronbach's α系数为0.97，四个维度的Cronbach's α系数均大于0.85，说明量表具有非常高的内部一致性（见表5-2）。因此，可以认为笔者构建的大学生网络行为评价指标体系具有非常高的可靠性。

表5-2　大学生网络行为评价体系各维度及总分的信度系数

维度编号	Cronbach's α	项数
A_1	0.854	9
A_2	0.921	13
A_3	0.927	20
A_4	0.905	9
量表	0.970	51

5. 运用大学生网络行为评价体系的意义

通过大学生网络行为评价体系可以全面了解大学生网络行为的现状、发展方向及规律，同时借助评价指标分数的计算可以及时发现大学生网络行为存在的问题，帮助大学生建立自我反省机制，有效预防网络行为失范的发生，并为高校有针对性地开展大学生网络行为教育引导提供决策依据。运用大学生网络行为评价体系的意义主要体现在以下几个方面。

一是统计和测量大学生网络行为。大学生对照评价指标体系对自己的网络行为进行自我评价，高校教育工作者可以依此获取较为全面的调查分析数据，从而客观地衡量和判断测量对象的优缺点及特征，并对大学生的网络行为作出综合评定。

二是调节和控制大学生网络行为。大学生对照评价量表对自己的网络行为进行评价的过程是一个自我检查、自我反省的过程，评价指标是其行为的尺度和标准，通过对在网络社会中是否限定自己的用网时间，是否有明确的上网目的和任务，是否有逾越指标界定尺度的行为等指标进行评判，重新审视自己网络行为规范与否，并对自己不符合指标要求的行为和表现进行调节和控制。

三是预防和引导大学生网络失范行为。构建大学生网络行为评价体系的最主要目的是帮助大学生在网络社会中建立在现实社会中已经具备的道德反省机制，引导大学生在网络社会中养成健康行为习惯，预防网络行为失范的发生。

结　语

大学生是具备较强学习能力和较高可塑性的知识群体，他们享受着当代先进的文化知识成果和科学技术成果，并在实现中华民族伟大复兴的道路上担负着重要的使命与责任，他们的成长与成才直接关系祖国未来的发展。但是在信息化时代，网络在带给大学生先进的文化知识和科学技术成果享受的同时，也给大学生的价值观和精神信仰带来较大冲击，甚至有部分大学生迷失于虚拟的网络世界。近年来，网络空间的大学生问题尤其是行为失范问题备受高校思想政治教育工作者的关注，也形成了一些优秀的研究成果。

笔者结合前期对711名大学生网络行为的调查成果，重新编制调查问卷，对1708名大学生、126名高校教育工作者和46名大学生家长进行了问卷调查，并辅之个案访谈，分别对大学生的网络沟通交往行为、网络论坛行为、网络游戏行为、网络信息浏览行为、网络购物行为以及手机上网行为等进行了现状分析，并以性别、生源地以及是否独生子女为分组变量对大学生的网络行为进行了比较分析。在此基础上，总结归纳出大学生网络行为具有共性与个性并存、理性与任性交织、认知与行为偏离、趋同与差异兼容的主要特点，以及发展方向因时而变、遵规意识不断强化、手机上网日渐盛行、网络沟通日益增多、个性特征愈加凸显、行为失范持续存在的发展趋势。笔者还对传播非主流意识形态、扩散网络不良资讯、浏览网络黄色信息、沉迷网络游戏、实施网络暴力、滥用网络语言、侵犯网络知识产权、参与网络犯罪等八种网络行为失范的主要表现及其成因进行了分析。研究表明，大学生网络行为的主流是积极、健康和文明的。

为了更加有针对性地做好大学生网络行为教育引导工作，笔者对当前教育引导的现状作了实证研究，并对其中存在的主要问题及其基本原因进行了深入分析。分别从高校、家庭和社会三个维度，分析了大学生网络行为教育引导的现状。分析发现，大学生网络行为教育引导已引起了高校、家庭和社会的关注与重视，但是在教育内容的时效性、教育载体的创新性、教育实践的互动性、家庭教育的参与度和社会教育的配合度等方面均有进一步提升和改进的空间。最后，在实证调查、综合分析、总结归纳和文献研究的基础上，笔者分别从大学生自身、高校教育工作者、教育方式方法、网络环境以及行为评价等方面出发，探索了开展大学生网络行为教育引导的路径，主要包括引导大学生遵规意识的自我强化、强化思想政治教育工作队伍的作用、创新思想政治教育的方式方法、改善大学生的网络生态环境、运用大学生网络行为评价体系。特别值得一提的是，本书尝试构建了一个由4个一级指标、15个二级指标共51道题项构成的大学生网络行为评价体系，并通过专家综合评定法给大学生网络行为评价体系设置了指标分值，方便大学生对照评价指标进行网络行为测评。在实际操作中，合理运用大学生网络行为评价体系，有利于高校教育工作者统计和测量大学生网络行为，有利于大学生调节和控制自身的网络行为，还能有效预防大学生网络行为失范的发生。

网络对大学生群体的影响是深刻而久远的，它在一定程度上对大学生的思想观念、理想信念、政治态度、道德水平、价值取向和行为规范等方面带来不容忽视的消极影响，网络规则意识淡薄、网络行为失范频现、网络道德规范缺乏等问题严重制约着部分大学生的健康成长和良性发展；同时，由于没有现实社会规章制度和道德伦理的制约以及自身缺乏一定的约束力和控制力等，一些大学生在网络虚拟空间中变得随心所欲、肆意妄为，甚至出现行为失范。因此，分析大学生网络行为的现状、主要特点及发展趋势，对大学生加强思想政治教育、开展网络行为的教育引导尤为重要。但是大学生网络遵规意识的构建和网络健康行为习惯的养成不能一蹴而就，它是一项系统工程，需要在全面了解大学生网络行为及当前教育引导现状的基础上，通过全社会的合力来共同完成。因此，对这一课题进行研究具有一定的现实意义和实践价值。

在研究的过程中，发现了一些难点，也解决了一些问题；了解了一些情况，也明晰了一些事实；提出了一些设想，也探索了基本路径。但是由于能力和水平有限，在以下方面还存在不足：一是对一些问题的理论分析应该更加全面，二是对大学生网络行为失范主要表现的概括及其本质的挖掘应该更加深入，三是大学生网络行为评价体系有待实践检验，等等。将来在以下方面还可以有进一步研究，以求新的突破和进步，力争为大学生思想政治教育实践工作贡献自己的一份绵薄之力：一是进一步以心理学、社会学等多学科为研究视角，分析大学生网络行为失范的内在因素和外在原因；二是进一步调研大学生网络行为评价指标体系的可行性和有效性，并作进一步改进，以期在适当范围内进行推广。

参考文献

一、专著类

[1] 陈万柏,张耀灿.思想政治教育学原理[M].3版.北京:高等教育出版社,2015.

[2] 戴艳军.思想政治教育案例分析[M].北京:高等教育出版社,2001.

[3] 郭庆光.传播学教程[M].2版.北京:中国人民大学出版社,2011.

[4] 胡钰.信息网络化与高校思想政治教育创新[M].北京:高等教育出版社,2003.

[5] 黄少华.网络空间的社会行为——青少年网络行为研究[M].北京:人民出版社,2008.

[6] 教育部社会科学研究与思想政治工作司.网络唱响主旋律——高等学校思想政治教育进网络工作经验汇编[M].北京:高等教育出版社,2002.

[7] 卡斯特.网络社会的崛起[M].夏铸九,王志弘,等译.北京:社会科学文献出版社,2001.

[8] 莱文森.手机:挡不住的呼唤[M].何道宽,译.北京:中国人民大学出版社,2004.

[9] 李一.网络行为失范[M].北京:社会科学文献出版社,2007.

[10] 刘德华.马克思主义思想政治教育著作导读[M].北京:高等教育出版社,2001.

[11] 刘旭升，贾楠．高校网络道德教育研究[M]．北京：新华出版社，2014．

[12] 彭兰．点击美国在线——从网络量子到网络巨子[M]．北京：经济日报出版社，2000．

[13] 桑斯坦．网络共和国：网络社会中的民主问题[M]．黄维明，译．上海：上海人民出版社，2003．

[14] 佘双好．青少年思想道德现状及健全措施研究[M]．北京：中国社会科学出版社，2010．

[15] 沈壮海．思想政治教育有效性研究[M]．3版．武汉：武汉大学出版社，2016．

[16] 汤志伟．网络空间群体行为规律与政府治理研究[M]．北京：人民出版社，2014．

[17] 王贤卿．道德是否可以虚拟——大学生网络行为的道德研究[M]．上海：复旦大学出版社，2011．

[18] 叶松庆．当代未成年人的道德观现状与教育：2006~2010[M]．芜湖：安徽师范大学出版社，2013．

二、期刊类

[1] 陈华栋．当前高校网络思想政治教育的主要矛盾与思考[J]．思想理论教育，2016(02)．

[2] 楚艳民，周世杰．网络态度及其评估[J]．中国临床心理学杂志，2008(04)．

[3] 姜永志，白晓丽．大学生手机互联网依赖对疏离感的影响：社会支持系统的作用[J]．心理发展与教育，2014(05)．

[4] 雷雳，王兴超．网络平台青少年模式缘何形同虚设[J]．人民论坛，2020(28)．

[5] 刘树琪．大学生网络素养现状分析及培育途径探讨[J]．学校党建

与思想教育,2016(01).

[6] 骆郁廷,李恩.网络空间西方价值渗透及其应对[J].思想教育研究,2021(02).

[7] 邱柏生.新时代高校思想政治教育学科建设面临的若干挑战[J].思想政治教育研究,2019,35(01).

[8] 石中英.回归教育本体——当前我国教育评价体系改革刍议[J].教育研究,2020(09).

[9] 王欢,黄海,吴和鸣.大学生人格特征与手机依赖的关系:社交焦虑的中介作用[J].中国临床心理学杂志,2014,22(03).

[10] 王伟军,王玮,郝新秀,等.网络时代的核心素养:从信息素养到网络素养[J].图书与情报,2020(04).

[11] 王习胜.当前思想政治教育的主要矛盾与发展趋向[J].马克思主义研究,2015(09).

[12] 吴瑾菁."道德"概念界定的学理争鸣[J].江西师范大学学报(哲学社会科学版),2015,48(01).

[13] 叶松庆.当代未成年人阅读行为对道德观发展的积极影响[J].中国出版,2015(07).

[14] 喻国明.未来传播的三大关键转型——站在未来已来节点上的思考与展望[J].新闻与写作,2020(01).

[15] 禹旭才.论网络文化发展的基本走向[J].求索,2015(11).

[16] 周兴生.大学生网络使用的性别差异分析[J].青年探索,2014(01).

[17] 朱琳.大学生网络行为失范的类型、成因与对策[J].华东师范大学学报(教育科学版),2016(02).

[18] 朱琳.化解外烁困境:大学生网络行为的自觉内塑[J].安徽师范大学学报(人文社会科学版),2020,48(01).

[19] 朱琳,涂薇,叶松庆.当代大学生网络行为的实证研究——基于性别、生源地和独生子女的差异[J].全球教育展望,2017(11).

附　录

附录1：大学生网络行为与教育引导调查问卷
——大学生问卷

亲爱的同学：

您好！感谢您抽出宝贵时间来参与此次问卷调查。本调查为无记名调查，我们承诺对您所提供的信息保密且只限用于研究，请您放心作答。另外，问卷中除特别注明外均为单选题，请在您选定的序号上划“√”，划“______”处可填写文字。非常感谢您的支持！

第一部分　基本信息

1. 您是什么性别？

①男　②女

2. 您学的是什么类型的专业？

①文科　②理科　③工科　④艺体类　⑤医学类　⑥其他____

3. 您读几年级？

①一年级　②二年级　③三年级　④四年级　⑤五年级

4. 您是独生子女吗？

①是　②不是

5. 您的生源地是哪里？

①乡镇　②县城（区）　③城市

6. 您是家庭经济困难学生吗？

①不是 ②是，一般困难 ③是，困难 ④是，特别困难

7. 您父母的最高学历（含在读）是什么？

①小学及以下 ②初中 ③高中/中专/专技

④大专/本科 ⑤研究生及以上

第二部分 使用网络的基本情况

8. 您从何时开始接触网络？

①小学前 ②小学 ③初中 ④高中 ⑤大学

9. 您现在有自己的电脑吗？

①有 ②没有

10. 您平均每次上网的时间是多长？

①1 小时以内 ②1~2 小时 ③3~4 小时 ④5~6 小时 ⑤6 小时以上

11. 您最主要的上网地点在哪里？

①寝室 ②家里 ③校外网吧 ④校园机房 ⑤其他________

12. 您最主要的上网方式是什么？

①电脑（台式或笔记本） ②移动终端（平板电脑或手机）

③其他________

13. 您上网主要做什么？（限选三项）

①聊天（QQ、微信等） ②浏览新闻 ③查找学习资料

④更新个人微博或主页 ⑤玩游戏 ⑥购物

⑦收看/听或下载电影和音乐 ⑧登录论坛 ⑨其他______

14. 您近期经常浏览的网站有哪些？（限选三项）

①搜索引擎 ②社交类（如论坛） ③门户类（如新浪）

④游戏软件类 ⑤购物类 ⑥休闲类 ⑦校园网

⑧教育类 ⑨政府网站 ⑩成人网站 ⑪其他_____

15. 您读大学之后的上网时间较以前有什么变化？

①增加了 ②基本没变 ③减少了 ④不上网

16. 您是否有过逃课上网的经历？

①有　　②没有

17. 您认为自己是否有网瘾？

①有　　②没有　　③说不清

18. 您是否遵守网络道德？

①非常不遵守　②不遵守　③说不清　④遵守　⑤非常遵守

19. 当被禁止上网时，您是否会心神不宁或郁闷？

①会　　②不会　　③说不清

20. 您在网络上是否有过行为或情绪失控？

①从未有　②很少有　③有时有　④经常有　⑤总是有

21. 您的网络使用费的主要来源是什么？

①家庭　　②自己打工　　③奖、助学金　　④他人资助

⑤借钱　　⑥其他____

22. 您是否使用手机上网？

①用　　②不用（跳过第23、24题）

23. 您使用手机上网主要为了做什么？（限选三项）

①聊天（QQ、微信等）　　②浏览新闻　　③查找学习资料

④更新个人微博或主页　　⑤玩游戏　　⑥购物

⑦收看/听或下载电影和音乐　　⑧登录论坛　　⑨其他______

24. 您平均每天用手机上网的时间是多长？

①时刻联网　　②3个小时以上　　③2~3个小时

④1~2个小时　　⑤1个小时以内

25. 您上课使用手机做什么？

①聊天　　②浏览网页　　③玩游戏　　④看手机报

⑤看小说　　⑥不用　　⑦其他____

26. 老师对大学生上课使用手机的态度怎样？

①严禁　　②禁止，但不严格　　③不闻不问

④默许　　⑤其他________

27. 您认为手机上网是否有负面影响？

①有　　②没有（跳过第28题）

28. 您认为手机上网最主要的负面影响是什么？

①占用时间　　②影响视力　　③减少社交　　④耽误学习

⑤分散注意力　　⑥消费过高　　⑦其他________

29. 您能否接受三天不带且不使用手机？

①非常不能　②不能　③不确定　④能　⑤非常能

30. 当前有些大学生沉溺于手机上网，您认为最有效的预防措施是什么？

①提高自制力　　②他人监督　　③提高手机上网费

④禁止手机网络　　⑤限制手机流量　　⑥其他________

31. 您是否使用手机记录生活见闻？

①是　②不是（跳过第32题）

32. 如果是，您会将见闻上传至网络吗？

①上传　②不上传　③说不清

第三部分　大学生网络行为的基本状况

一、网络沟通交往行为

33. 您在网上交流的对象主要是谁？

①家人　②陌生人　③外地同学或朋友　④身边同学或朋友

⑤其他________

34. 您登录聊天工具或交流平台（如论坛、微博）的频率如何？

①从不　②很少　③有时　④经常　⑤总是

35. 您最看重网上交流对象的什么方面？

①兴趣相同　　②观点相近　　③幽默健谈　　④愿意倾听

⑤知识渊博　　⑥性别（A. 同性；B. 异性）

⑦年龄（A. 同龄；B. 比自己大；C. 比自己小）　　⑧无所谓

36. 您与他人在网上交流最多的话题是什么？

①形势与政策 ②社会/学校热点问题 ③爱情/情感问题

④生活琐事 ⑤现实中的困难 ⑥人生感悟 ⑦其他______

37. 您是否会与陌生网友说真心话？

①不会 ②会 ③说不清

38. 您是否在网上隐瞒自己的真实情况（如性别、年龄等）？

①从不 ②很少 ③有时 ④经常 ⑤总是

39. 您有过网恋吗？

①有 ②没有 ③说不清

40. 您是否有个人主页（如微博、QQ空间、微信朋友圈等）？

①有 ②没有（跳过第41~43题）

41. 您个人主页的更新频率？

①从不 ②很少 ③有时 ④经常 ⑤总是

42. 您更新个人主页的原因是什么？

①抒发心情 ②分享生活 ③记录日记

④吸引关注 ⑤炫耀 ⑥其他_____

43. 您是否希望他人关注您的个人主页？

①非常不希望 ②不希望 ③无所谓 ④希望 ⑤非常希望

44. 您是否向朋友转发或传播过封建迷信类信息？

①从不 ②很少 ③有时 ④经常 ⑤总是

45. 您在网络中呈现的自己与现实中是否一样？

①完全不一样 ②不一样 ③说不清 ④一样 ⑤完全一样

46. 您认为网络交往能否提高个人的社交能力？

①非常不能 ②不能 ③说不清 ④能 ⑤非常能

二、网络论坛行为

47. 您经常浏览的论坛是什么？

①本校论坛 ②外校论坛 ③社会论坛

④国外论坛 ⑤不浏览 ⑥其他______

48. 您在网络论坛中的行为习惯是什么？

①经常发言　②偶尔发言　③浏览但不发言　④不浏览

49. 您是否在网络上使用言语抨击或攻击他人？

①从不　②很少　③有时　④经常　⑤总是

50. 您是否参与过网络“人肉搜索”？

①从不　②很少　③有时　④经常　⑤总是

51. 您如何看网友“人肉搜索”“虐猫事件”女主角？

①厌恶　②不支持　③无所谓　④有趣　⑤正义行为

52. 您如何看“很黄很暴力”“妈妈再打我一次”等网络语言？

①非常无趣　②无趣　③无所谓　④有趣　⑤非常有趣

53. 在“艳照门”、明星吸毒等事件讨论中，您会跟帖抨击吗？

①从不　②很少　③有时　④经常　⑤总是

54. 您是否通过网络关注“扶与不扶”“复旦投毒案”等事件？

①从不关注　②不关注　③无所谓　④关注　⑤非常关注

55. 对于社会热门事件，您是否会因网民的激烈言辞而情绪激动？

①从不　②很少　③有时　④经常　⑤总是

56. 在媒体公开真相之前，是否相信“外国小伙遭大妈碰瓷”的虚假新闻？

①不相信　②相信　③说不清

57. 您是否支持高校论坛实名制的做法？

①非常不支持　②不支持　③无所谓　④比较支持　⑤非常支持

58. 您认为实名论坛的最大优点是什么？

①增强责任　②约束言行　③交流真诚

④方便管理　⑤没优点　⑥其他______

59. 您认为实名论坛的最大缺点是什么？

①缺少真话　②交流肤浅　③话题乏味　④没缺点　⑤其他______

三、网络游戏行为

60. 您是否玩手机游戏（包括平板电脑游戏）？

①从不　②很少　③有时　④经常　⑤总是

61. 您最喜欢的网络游戏（以下简称“网游”）是什么？
①休闲类（如棋牌、“开心农场”）
②MOBA类（如“英雄联盟”“DOTA”）
③第一人称射击类（如“穿越火线CF”）
④角色扮演类（如“魔兽世界”）
⑤模拟经营类（如“大富翁”）
⑥其他______

62. 您是否会为网游充值？
①从不　②很少　③有时　④经常　⑤总是

63. 您平均每天玩网游（含手机游戏）的时间是多长？
①1小时及以下　②2~3小时　③3~4小时
④4~5小时　⑤5小时以上

64. 您认为当代大学生玩网游的最主要原因是什么？
①打发时间　②缓解压力　③逃避现实　④结交朋友
⑤获得快感　⑥追赶时髦　⑦锻炼社交技巧
⑧出售虚拟物品或“代挂”等挣钱　⑨其他______

65. 您在网游中属于哪一类型的玩家？
①征服者（赚取经验值）　②杀手（战胜他人）
③探险家（探索游戏中的宝藏和秘密）
④社交家（与他人聊天）　⑤不确定

66. 如果在游戏中遭遇挫败或不顺，您会如何做？
①找机会报复对方　②打击弱小的玩家寻找成就感　③加倍练习
④无所谓　⑤放弃这款游戏　⑥其他_____

67. 您如何看待网游中的PK现象？
①过瘾，能展现实力　②比单纯玩游戏有趣　③无所谓
④厌恶，太暴力

68. 您是否会为了玩游戏而拒绝外出或参加朋友聚会？
①从不　②很少　③有时　④经常　⑤总是

69. 您认为玩网游给大学生造成的最大困扰是什么？

①影响学习 ②影响健康 ③诱发暴力行为 ④对暴力变得麻木

⑤影响社交 ⑥没困扰 ⑦其他________

70. 您认为玩游戏给大学生带来的最大好处是什么？

①缓解压力 ②放松心情 ③锻炼反应力

④培养团队合作力 ⑤增强朋友感情 ⑥锻炼想象力和创造力

⑦精神鸦片，没好处 ⑧其他________

四、网络信息浏览行为

71. 您第一次对黄色网站或视频有概念的时间是什么时候？

①大学 ②高中 ③初中 ④小学 ⑤小学之前

72. 您是否浏览黄色网站？

①从未 ②很少 ③有时 ④经常 ⑤总是

73. 您的身边是否有同学或朋友浏览黄色网站？

①没有 ②很少 ③说不清 ④比较多 ⑤非常多

74. 您认为大学生浏览黄色网站会产生什么不良影响（限选三项）？

①影响身心健康 ②诱发色情犯罪 ③导致错误的恋爱观

④导致过早性行为 ⑤导致社交困难 ⑥影响学业 ⑦其他________

75. 您认为上网是否容易受到色情或暴力信息的影响？

①是 ②否 ③说不清

76. 您在使用手机上网时是否被动地浏览过色情信息？

①从未 ②很少 ③有时 ④经常 ⑤总是

77. 有人认为青少年犯罪率的增长与网络色情信息有关，您如何看？

①完全没关 ②不太有关 ③说不清 ④比较有关 ⑤非常有关

五、网络购物行为

78. 您认为网络购物与传统购物相比最大的优势是什么？

①节约时间 ②价格便宜 ③方便快捷 ④商品齐全

⑤沟通方便 ⑥自由 ⑦其他________

79. 您身边同学的网购比例是多少？

①10% 以下 ②10%~30% ③30%~50% ④50%~70%

⑤70%~90% ⑥几乎 100%

80. 您是否上网购物（以下简称“网购”）？

①是 ②否（跳过第 81、82 题）

81. 您在网购时最关注什么？

①商家信誉 ②商品评价 ③商品价格 ④商品品质

⑤卖家服务 ⑥其他____

82. 您每月在网购上的花销是多少？

①100 元以下 ②100~300 元 ③400~600 元 ④600~800 元

⑤800 元以上

第四部分 大学生网络行为教育引导的状况

83. 您认为以下做法能有效引导大学生的网络行为吗？

做法	非常无效	无效	无法确定	有效	非常有效
进入网吧须凭借居民身份证	1	2	3	4	5
开展“网络扫黄”专项行动来净化网络环境	1	2	3	4	5
制定法律法规来打击和制止网络危害行为	1	2	3	4	5
利用网络实名制遏制匿名环境下的不文明行为和网络犯罪	1	2	3	4	5

84. 您所在学校对网络舆情的处理态度是什么？

①积极处理 ②避重就轻 ③很少处理 ④不闻不问 ⑤不清楚

85. 您所在学校开展网络行为主题教育的情况如何？

①从不 ②很少 ③有时 ④经常 ⑤总是

86. 您所在学校是否有大学生思想政治教育类专题网站？

①有 ②没有 ③不清楚

87. 您如何看一些辅导员禁止一年级新生带电脑到学校的做法？

①有必要，且合理 ②有必要，但不合理 ③合理，但没必要

④不合理，且没必要 ⑤其他__________

88. 您所在学校是否有以下规章制度？

（1）校园网管理办法？①有 ②没有 ③不清楚

（2）大学生使用网络管理办法？①有 ②没有 ③不清楚

（3）关于大学生网络行为的规定？①有 ②没有 ③不清楚

89. 您的老师（辅导员除外）或领导是否与大学生进行网上交流？

①从不 ②很少 ③有时 ④经常 ⑤总是

90. 您的辅导员是否与大学生进行网上交流讨论（如班级QQ群）？

①从不 ②很少 ③有时 ④经常 ⑤总是

91. 您的辅导员与大学生在网上交流时的态度如何？

①平等对话 ②说教为主 ③应付了事 ④态度恶劣 ⑤不交流

92. 您的辅导员对大学生上网的监管力度如何？

①不监管 ②比较小 ③一般 ④比较大 ⑤非常大

93. 您的辅导员是否采取措施教育引导网络游戏成瘾的大学生？

①是 ②否 ③不清楚

94. 您的父亲或母亲了解您的上网情况吗？

①非常不了解 ②不了解 ③不确定 ④了解 ⑤非常了解

95. 您的父亲或母亲限制您的上网时间吗？

①完全不限制 ②不太限制 ③一般 ④限制 ⑤非常限制

96. 当父母或老师对您上网进行干涉时，您会如何做？

①立即停止 ②适当减少 ③不予理睬 ④变本加厉

97. 您是否对老师或父母隐瞒自己真实的上网情况？

①从不 ②很少 ③有时 ④经常 ⑤总是

98. 您认为导致大学生网络行为失范的最主要原因是什么？

①社会风气不好 ②学校教育不到位 ③家庭教育不到位

④朋辈影响 ⑤自我放纵 ⑥其他________

99. 您曾有过以下哪些网络行为？（可多选）

①黑客 ②语言暴力 ③浏览不良信息 ④说谎 ⑤虚拟交往

⑥网络犯罪 ⑦以上情况都没有 ⑧其他______

100. 您认为导致大学生网络行为失范的主导因素是什么？

①社会的客观因素 ②学校的教育因素 ③家庭的环境因素

④大学生的主体因素 ⑤其他______

101. 为抵制网络不良影响，您认为最重要的是什么？

①加强网络法制建设 ②加强网络道德建设 ③从技术上管制

④禁止大学生去网吧 ⑤加强网站建设 ⑥加强学校教育

⑦加强家庭教育 ⑧其他______

102. 观点题——您是否同意以下说法？

说法	非常不同意	不同意	中立	同意	非常同意
网络会对大学生的“三观”产生很大影响	1	2	3	4	5
上网有助于大学生回避问题或发泄不良情绪	1	2	3	4	5
网络世界比现实世界更容易找到知音	1	2	3	4	5
应该通过立法来规范“人肉搜索”和网络语言等	1	2	3	4	5
网络力量越来越被滥用	1	2	3	4	5
越来越多的大学生成为“屏奴”	1	2	3	4	5
手机上网的隐蔽性更高，更难监管	1	2	3	4	5
手机网络是淫秽色情信息传播的新途径	1	2	3	4	5
“网络暴力”挑战了传统社会的道德和法律底线	1	2	3	4	5
大学生网络思想政治教育“有名无实”	1	2	3	4	5
大学生思想政治教育工作者使用网络的能力跟不上大学生	1	2	3	4	5 6
高校应创新思想政治教育引导的途径和方法	1	2	3	4	5
借助网络开展的思想政治教育工作更易于被大学生接受	1	2	3	4	5
与老师/家长进行网上交流更容易敞开心扉	1	2	3	4	5

调查到此结束，感谢您的支持和合作！祝您学业进步，生活愉快！

附录2：大学生网络行为与教育引导调查问卷
——高校教育工作者问卷

尊敬的老师：

您好！感谢您抽出宝贵时间来参与此次问卷调查。本调查为无记名调查，我们承诺对您所提供的信息保密且只限用于研究，请您放心作答。另外，问卷中除特别注明外均为单选题，请在您选定的序号上划"√"，划"________"处可填写文字。非常感谢您的支持！

1. 您所在的学校是什么？

____

2. 您是什么性别？

①男　②女

3. 您是什么身份？

①党政干部　②共青团干部　③辅导员　④班主任

⑤专业课教师　⑥其他________

4. 您出生于什么年代？

①50年代　②60年代　③70年代　④80年代　⑤90年代

5. 您是什么职称级别？

①正高　②副高　③中级　④中级以下

6. 您的工作和生活是否能离开网络？

①完全不能　②不能　③说不清　④能　⑤完全能

7. 工作之余，您上网主要做什么？（限选三项）

①聊天（QQ、微信等）　②浏览新闻　③查找学习或工作资料

④更新个人主页　⑤玩游戏　⑥购物　⑦看电影、听音乐

⑧登录论坛　⑨其他________

8. 您使用手机上网吗？

①从不　②很少　③有时　④经常　⑤总是

9. 您是否有个人主页（如微博、QQ空间、微信朋友圈）？

①有　②没有（跳过第10题）

10. 您是否希望大学生关注您的个人主页？

①非常不希望　②不希望　③无所谓　④希望　⑤非常希望

11. 您是否关注大学生在校园BBS上的动态？

①从不　②很少　③有时　④经常　⑤总是

12. 您是否参与大学生在校园BBS上的讨论？

①从不　②很少　③有时　④经常　⑤总是

13. 您如何看“很黄很暴力”“妈妈再打我一次”等网络语言对大学生的影响？

①完全没影响　②没影响　③说不清　④有影响　⑤非常有影响

14. 您是否支持高校论坛实名制？

①非常不支持　②不支持　③无所谓　④比较支持　⑤非常支持

15. 您认为大学生玩网络游戏的比例是多少？

①10%以下　②10%~30%　③30%~50%

④50%~70%　⑤70%~80%　⑥几乎100%

16. 您认为玩网络游戏给大学生造成的最大困扰是什么？

①影响学习　②影响健康　③诱发暴力行为　④对暴力变得麻木

⑤影响社交　⑥没困扰　⑦其他________

17. 您认为大学生是否浏览色情、暴力等不良信息？

①没有　②很少　③不清楚　④比较多　⑤非常多

18. 您认为大学生浏览黄色网站产生的最坏影响是什么？

①影响身心健康　②诱发色情犯罪　③导致错误的恋爱观

④导致过早性行为　⑤导致社交困难　⑥影响学业　⑦其他________

19. 您认为手机上网对大学生最主要的负面影响是什么？

①占用时间　②影响视力　③减少社交　④耽误学习

⑤分散注意力　⑥消费过高　⑦没有影响　⑧其他________

20. 当前有很多大学生沉溺于手机上网，您认为最有效的预防措施是什么？

①提高自制力　②他人监督　③提高手机上网费

④禁止手机网络　⑤限制手机流量　⑥其他________

21. 您如何看一些高校禁止一年级新生带电脑到学校的做法？

①有必要，且合理　②有必要，但不合理　③合理，但没必要

④不合理，且没必要　⑤其他________

22. 您所在学校是否有以下规章制度？

（1）校园网管理办法？①有　②没有　③不清楚

（2）大学生使用网络管理办法？①有　②没有　③不清楚

（3）关于大学生网络行为的规定？①有　②没有　③不清楚

23. 您认为是否有必要对大学生加强网络行为的教育引导？

①有必要　②没必要　③不清楚

24. 您对网络舆情的处理态度是什么？

①积极处理　②避重就轻　③很少处理　④不闻不问　⑤不清楚

25. 您对大学生上网的监管力度如何？

①不监管　②比较小　③一般　④比较大　⑤非常大

26. 您对大学生上课使用手机的态度？

①严禁　②禁止，但不严格　③不闻不问　④默许　⑤其他______

27. 您认为以下做法能否有效引导大学生的网络行为？

做法	非常无效	无效	无法确定	有效	非常有效
进入网吧须凭借居民身份证	1	2	3	4	5
开展“网络扫黄”专项行动来净化网络环境	1	2	3	4	5
制定法律法规来打击和制止网络危害行为	1	2	3	4	5
利用网络实名制遏制匿名环境下的不文明行为和网络犯罪	1	2	3	4	5

28. 您是否与大学生在网上进行交流？

①从不（跳过第29题）　②很少　③有时　④经常　⑤总是

29. 您与大学生在网上交流最多的话题是什么？

①形势与政策 ②社会/学校热点问题 ③爱情/情感类

④生活琐事 ⑤现实中的困难 ⑥人生感悟 ⑦其他_______

30. 您对网络游戏成瘾大学生采取的主要措施有哪些？（限选三项）

①谈心谈话 ②告知父母 ③监控其网上活动 ④请同学监视

⑤不予理睬 ⑥其他_______

31. 您对大学生上网进行干涉，大学生会如何？

①立即停止 ②适当减少 ③不予理睬 ④变本加厉

32. 大学生是否对您隐瞒自己真实的上网情况？

①从不 ②很少 ③有时 ④经常 ⑤总是

33. 您认为导致大学生网络行为失范的最主要原因是什么？

①社会风气不好 ②学校教育不到位 ③家庭教育不到位

④朋辈影响 ⑤自我放纵 ⑥其他_______

34. 您认为大学生网络行为失范的危害有哪些？（可多选）

①荒废学业 ②道德滑坡 ③脱离实际，社交恐惧

④心理疾病（如网瘾） ⑤人格异化 ⑥走上犯罪 ⑦其他_______

35. 您认为导致大学生网络行为失范的主导因素是什么？

①社会的客观因素 ②学校的教育因素 ③家庭的环境因素

④大学生的主体因素 ⑤其他_______

36. 为抵制网络不良影响，您认为最重要的是什么？

①加强网络法制建设 ②加强网络道德建设 ③从技术上管制

④禁止大学生去网吧 ⑤加强网站建设 ⑥加强学校教育

⑦加强家庭教育 ⑧其他______

37. 您是否同意以下说法？

说法	非常不同意	不同意	中立	同意	非常同意
网络会对大学生的“三观”产生影响	1	2	3	4	5
上网有助于大学生回避问题或发泄不良情绪	1	2	3	4	5

续　表

说法	非常不同意	不同意	中立	同意	非常同意
越来越多的大学生成为“屏奴”	1	2	3	4	5
手机网络是淫秽色情信息传播的新途径	1	2	3	4	5
应该通过立法来规范“人肉搜索”和反对网络暴力	1	2	3	4	5
“网络暴力”挑战了传统社会的道德和法律底线	1	2	3	4	5
很多大学生在论坛中的言论是不负责任的	1	2	3	4	5
青少年犯罪率的增长与网络色情信息有关	1	2	3	4	5
大学生网络思想政治教育“有名无实”	1	2	3	4	5
大学生思想政治教育工作者使用网络的能力跟不上大学生	1	2	3	4	5
高校应创新思想政治教育引导的途径和方法	1	2	3	4	5

调查到此结束，感谢您的支持和合作！祝您工作顺利，生活愉快！

附录3：大学生网络行为与教育引导调查问卷
——大学生家长问卷

尊敬的家长：

您好！感谢您抽出宝贵时间来参与此次问卷调查。本调查为无记名调查，我们承诺对您所提供的信息保密且只限用于研究，请您放心作答。另外，问卷中除特别注明外均为单选题，请在您选定的序号上划“√”，划“______”处可填写文字。非常感谢您的支持！

1. 您的孩子读几年级？

①一年级 ②二年级 ③三年级 ④四年级 ⑤五年级 ⑥其他___

2. 您是什么性别？

①男 ②女

3. 您出生于什么年代？

①40年代 ②50年代 ③60年代 ④70年代

4. 您是否使用网络？

①从不 ②很少 ③有时 ④经常 ⑤总是

5. 您是否使用手机上网？

①从不 ②很少 ③有时 ④经常 ⑤总是

6. 您的工作和生活是否能离开网络？

①不能 ②能 ③说不清

7. 工作之余，您上网主要做什么？（限选三项）

①聊天（QQ、微信等） ②浏览新闻 ③查找学习或工作资料

④更新个人主页 ⑤玩游戏 ⑥购物 ⑦看电影、听音乐

⑧登录论坛 ⑨其他______

8. 您的孩子是否喜欢上网？

①是 ②否 ③不清楚

9. 您对孩子上网的管理力度如何？

①非常不严格 ②不严格 ③说不清 ④严格 ⑤非常严格

10. 您是否了解孩子在校的上网情况？

①非常不了解　②不了解　③不确定　④了解　⑤非常了解

11. 您认为网络与大学生学习的关系是什么？

①耽误学习　②促进学习　③没有直接关系

12. 您的孩子是否有个人主页（如微博、QQ空间、微信朋友圈等）？

①有　②没有　③不清楚

13. 您是否关注孩子的个人主页？

①从不关注　②不关注　③偶尔关注　④经常关注　⑤总是关注

14. 您是否支持孩子参与网络“人肉搜索”？

①非常不支持　②不支持　③无所谓　④支持　⑤非常支持

15. 您如何看“很黄很暴力”“妈妈再打我一次”等网络语言对大学生的影响？

①完全没影响　②没影响　③说不清　④有影响　⑤非常有影响

16. 您的孩子是否玩网络游戏？

①玩　②不玩（跳过第17题）　③不清楚

17. 您的孩子是否能控制好玩游戏的时间？

①能　②不能　③不清楚

18. 您是否对孩子玩游戏进行干预？

①从不　②很少　③有时　④经常　⑤总是

19. 您认为玩网络游戏给大学生造成的最大困扰是什么？

①影响学习　②影响健康　③诱发暴力行为　④对暴力变得麻木

⑤影响社交　⑥没困扰　⑦其他________

20. 您是否支持高校论坛实名制？

①非常不支持　②不支持　③无所谓　④比较支持　⑤非常支持

21. 您认为大学生是否会浏览色情、暴力等不良信息？

①没有　②很少　③不清楚　④比较多　⑤非常多

22. 您认为大学生浏览黄色网站产生的最坏影响是什么？

①影响身心健康　②诱发色情犯罪　③导致错误的恋爱观

④导致过早性行为 ⑤导致社交困难 ⑥影响学业 ⑦其他_______

23. 当前有很多大学生沉溺于手机上网，您认为最有效的预防措施是什么？

①提高自制力 ②他人监督 ③提高手机上网费

④禁止手机网络 ⑤限制手机流量 ⑥其他_______

24. 为抵制网络不良影响，您认为最重要的是什么？

①加强网络法制建设 ②加强网络道德建设 ③从技术上管制

④禁止大学生去网吧 ⑤加强网站建设 ⑥加强学校教育

⑦加强家庭教育 ⑧其他_______

25. 您如何看一些高校禁止一年级新生带电脑到学校的做法？

①有必要，且合理 ②有必要，但不合理 ③合理，但没必要

④不合理，且没必要 ⑤其他_______

26. 当您干涉孩子上网时，孩子会如何？

①立即停止 ②适当减少 ③不予理睬 ④变本加厉

27. 孩子是否对您隐瞒自己真实的上网情况？

①从不 ②很少 ③有时 ④经常 ⑤总是

28. 您对网络热门事件的态度如何？

①积极处理 ②避重就轻 ③很少处理 ④不闻不问 ⑤不清楚

29. 您与孩子在网上进行交流的情况如何？

①从不（跳过第30题）②很少 ③有时 ④经常 ⑤总是

30. 您与孩子在网上交流最多的话题是什么？

①形势与政策 ②社会/学校热点问题 ③爱情/情感类

④生活琐事 ⑤现实中的困难 ⑥人生感悟 ⑦其他_______

31. 您孩子所在学校对大学生上网教育管理的情况如何？

①很不好 ②不好 ③一般 ④比较好 ⑤很好

32. 您认为导致大学生网络行为失范的最主要原因是什么？

①社会风气不好 ②学校教育不到位 ③家庭教育不到位

④朋辈影响 ⑤自我放纵 ⑥其他_______

33. 您认为导致大学生网络行为失范的主导因素是什么？

①社会的客观因素　②学校的教育因素　③家庭的环境因素

④大学生的主体因素　⑤其他________

34. 您认为大学生网络行为失范的危害有哪些？（可多选）

①荒废学业　②道德滑坡　③脱离实际，社交恐惧

④心理疾病（如网瘾）　⑤人格异化　⑥走上犯罪　⑦其他________

35. 您是否同意以下说法？

说法	非常不同意	不同意	中立	同意	非常同意
网络会对大学生的“三观”产生很大影响	1	2	3	4	5
上网有助于大学生回避问题或发泄不良情绪	1	2	3	4	5
越来越多的大学生成为“屏奴”	1	2	3	4	5
手机网络是淫秽色情信息传播的新途径	1	2	3	4	5
应该通过立法来规范“人肉搜索”和反对网络暴力	1	2	3	4	5
“网络暴力”挑战了传统社会的道德和法律底线	1	2	3	4	5
很多大学生在论坛中的言论是不负责任的	1	2	3	4	5
青少年犯罪率的增长与网络色情信息有关	1	2	3	4	5
大学生网络思想政治教育“有名无实”	1	2	3	4	5
大学生思想政治教育工作者使用网络的能力跟不上大学生	1	2	3	4	5
高校应创新思想政治教育引导的途径和方法	1	2	3	4	5

调查到此结束，感谢您的支持和合作！祝您工作顺利，生活愉快！

后　记

工作十余年来，一直从事与大学生思想政治教育相关的工作和研究。曾经担任了四年的大学生思想政治辅导员，现在担任分管学生工作的基层学院党委副书记，我的研究兴趣和研究方向离不开我的工作经历，可以说是工作经历激励着我理论研究的不断深入，一直致力于理论联系实际地开展大学生网络思想政治教育研究和探索。

行文至此，本书即将画上句号。

本书是在我的博士学位论文研究基础之上修改完善而成。感谢我的导师叶松庆教授对本书及我读博期间的大力指导。此书的完成，得益于叶松庆教授从选题确定、提纲框架构建、问卷设计、调查实施以及每个章节写作的悉心指导和严格把关。叶松庆教授治学严谨，能够师从他是我的幸运，老师所给予的不仅是指导，还有严谨治学的态度和坚持不懈的精神。借此机会向叶松庆教授表示衷心的感谢！

我先后完成了两千余名大学生的问卷调查，调查的完成非常不易，得到了很多人的帮助。感谢帮助我完成问卷调查的北京体育大学、北京工业大学、上海交通大学、华东师范大学、南京财经大学、江南大学、陕西师范大学、海南师范大学、广西师范大学、东北林业大学、山东理工大学、潍坊学院、安徽师范大学、安徽医科大学、安徽理工大学、淮南师范学院、皖南医学院、合肥师范学院、巢湖学院、安徽大学江淮学院、芜湖职业技术学院、安徽商贸职业技术学院等22所高校的领导、老师、同仁、大学生以及大学生家长，感谢你们，没有你们的无私帮助和认真参与，我的实证调研根本无法完成。另外，在本书写作的过程中，我参阅了大量国内外相关的研究成果，这些成果丰富了我的思想，启迪了我的思路，使我获益匪浅，在此谨向各位作者表示诚挚的感谢！

本书获得了安徽师范大学博士启动基金和安徽师范大学出版基金的支持，感谢学校对本书的支持和关注。

最后，感谢我的家人，感谢你们！此书的完成离不开你们的无私包容、默默支持和真挚情感！

朱　琳

2021年3月11日